**Heide Hörner**

**Ravensburger ® Hobbykurse**

# Weihnachtskrippen und -figuren

**bauen und gestalten**

**Otto Maier Verlag
Ravensburg**

CIP-Kurztitelaufnahme der Deutschen Bibliothek

**Hörner, Heide:**
Weihnachtskrippen und -figuren:
bauen u. gestalten /
Heide Hörner. [Fotos u. Zeichn.: Gerhard u. Heide
Hörner]. – Ravensburg: Maier, 1983.
   (Ravensburger Hobbykurse)
   ISBN 3-473-45663-2

1883–1983
Dieses Buch erscheint
im 100. Jahr
des Otto Maier Verlags
Ravensburg

© 1983 Otto Maier Verlag Ravensburg
Alle Rechte vorbehalten
Fotos und Zeichnungen: Gerhard und Heide Hörner
Umschlagfotos: Gerhard Hörner
Satz: Bauer & Bökeler, Denkendorf
Gesamtherstellung: Himmer, Augsburg
Printed in Germany

4  3  2  1     86  85  84  83

ISBN 3-473-45663-2

# Inhalt

6    „Uns ist gebor'n ein Kindelein . . ."

8    **Die Transparentkrippe**

12    **Zigarrenkiste und Strohdachhaus**

16    **Der Fachwerkstall**

24    **Holzkegelfiguren**

28    **Rupfenfiguren**

36    **Die Bilderkrippe als Laubsägearbeit**

44    **Krippenfiguren mit modellierten Gesichtern**

*Dank den Ehrwürdigen Schwestern des Klosters Kellenried, Frau B. Pech und Herrn Stadtpfarrer Basilius Nägele, Basilika Weingarten, für ihre freundliche Zustimmung zu den Fotoaufnahmen der Weihnachtskrippen für dieses Buch.*

**Bild 1** Barockkrippe Kellenried mit fein modellierten Wachsgesichtern und Händen.

# „Uns ist gebor'n ein Kindelein..."

*Die Krippe hat heute neben dem Christbaum einen festen Platz im weihnachtlichen Brauchtum.*

Von der Mitte des 16. Jahrhunderts an ist sie zunächst in italienischen und spanischen, bald danach, von den Jesuiten gefördert, auch in süddeutschen Kirchen und an Fürstenhöfen nachzuweisen. Während der Gegenreformation sollte sie dazu beitragen, den alten Glauben wiederherzustellen. Danach gelangte sie zu rascher Verbreitung und wurde auch im bürgerlichen und bäuerlichen Haus aufgestellt. In ländlichen Gegenden pflegte man das Krippenschauen von Hof zu Hof.

In Augsburg erschien bereits 1730 eine Serie von Bilderbogen für Ausschneidekrippen, die Papierkrippen, die sich bis in unsere Zeit erhalten haben. Zu dieser Art von Figuren gehören auch die Bretter- oder Bilderkrippen. Ein herrliches Beispiel dieser Art können Sie alljährlich in der Basilika zu Weingarten (Württ.) bewundern (Seite 37). Die Figuren wurden nach den Gesetzen der Bühnenmalerei gestaltet und wirken durch kunstvoll angelegtes Licht-und-Schatten-Spiel plastisch.

Bekleidete Figuren mit Wachsköpfen und echten Haaren gaben den Barockfiguren ein natürliches Aussehen. Besonders kunstvoll bekleidet wurden die Krippenfiguren in den Frauenklöstern des 18. Jahrhunderts. Das Kloster Kellenried (nahe Weingarten/Württ.) besitzt eine solche Barockkrippe mit Figuren, die zu den eindrucksvollsten im schwäbischen Raum gehören (Seite 5). – Beginnen Sie beim Gestalten der Krippe mit der Kerngruppe – der Heiligen Familie. Es wird Ihnen Freude bereiten, Ihre Krippe jedes Jahr durch Figuren und Gruppen nach alter Tradition und eigener Phantasie zu erweitern.

**Bild 2**
Krippendarstellungen
sind lebendig geblieben
und im Wandel der Zeit
vielfältig variiert worden.
Besonders reich ausge-
stattet, mit minuziös fein
geschnitztem Gesicht und
Händen, zeigt sich dieser
König aus einer alten
Barockkrippe im Familien-
besitz.

Die Reise der Drei Könige aus dem Morgenland mit exo-
tischem Gefolge darzustellen, war nicht nur in der Male-
rei, besonders des späten Mittelalters, ein beliebtes The-
ma.

Auch in den Weihnachtskrippen darf die Anbetung der
Heiligen Drei Könige nicht fehlen: Die Mächtigen des
Orients, als Vertreter des Heidentums, erweisen Maria
und dem Jesuskind ihre Reverenz.

Vergessen Sie bei der Ausschmückung Ihrer Krippe
nicht die einfachen Bauern, die in schlichter Frömmig-
keit ihre Huldigung darbringen. Denken Sie auch an die
Hirten und die Engel, welche die Frohe Botschaft über-
brachten.

# Die Transparentkrippe

Vor dem warmen Licht einer Kerze zaubern die leuchtenden Farben eines feinen Krippentransparentes weihnachtliche Stimmung in Ihre Wohnung.
Vorläufer dieser farbigen Transparente sind die herrlichen alten Kirchenfenster.
Die schwarzen Linien waren ursprünglich die Bleistege, die die verschiedenfarbigen Gläser zusammenhalten müssen, daß dieses Mosaik zu einem Bild verschmilzt.
Die Stege sind bei dieser einfachen Papier- und Schneidearbeit, die jedoch Genauigkeit und Geduld erfordert, aus schwarzem Tonpapier geschnitten. Das farbige Transparentpapier wird wie bei einem echten Mosaik Stück für Stück nachgezeichnet, ausgeschnitten und zu diesem farbenprächtigen Bild zusammengeklebt.

**Bild 3**
Sie benötigen:
Festes, schwarzes Tonpapier, farbiges Transparentpapier und farbiges Schneider-Kopierpapier; Bleistift, Lineal, Schere, Schneidemesser (Federmesser) und Klebstoff.

**Bild 4**  *Seite 9 oben*
Vorlage zum Abzeichnen

**Bild 5**  *Seite 9 unten*
Die fertig ausgearbeitete Transparentkrippe

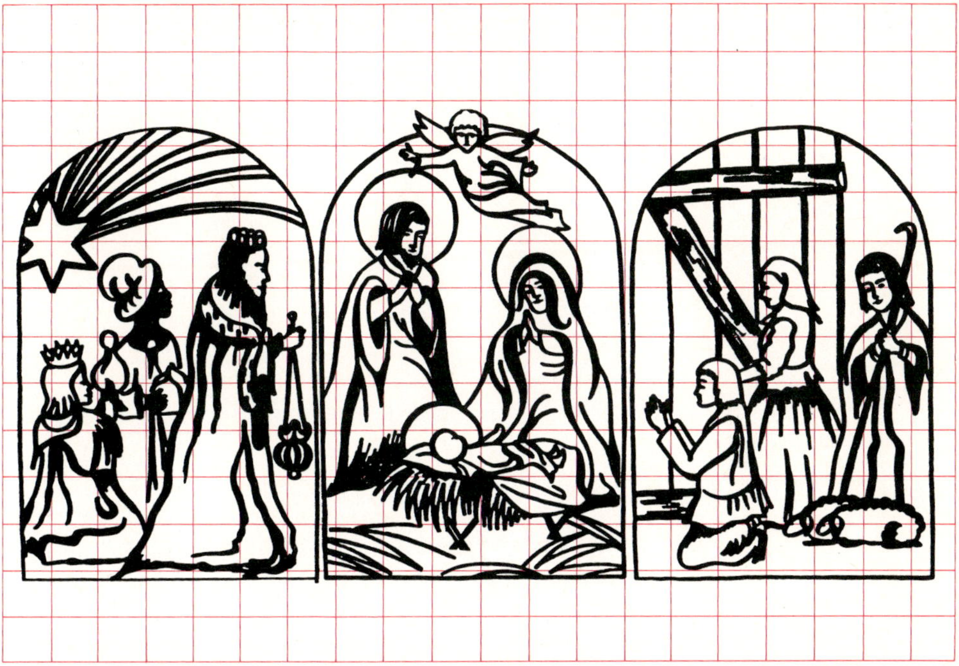

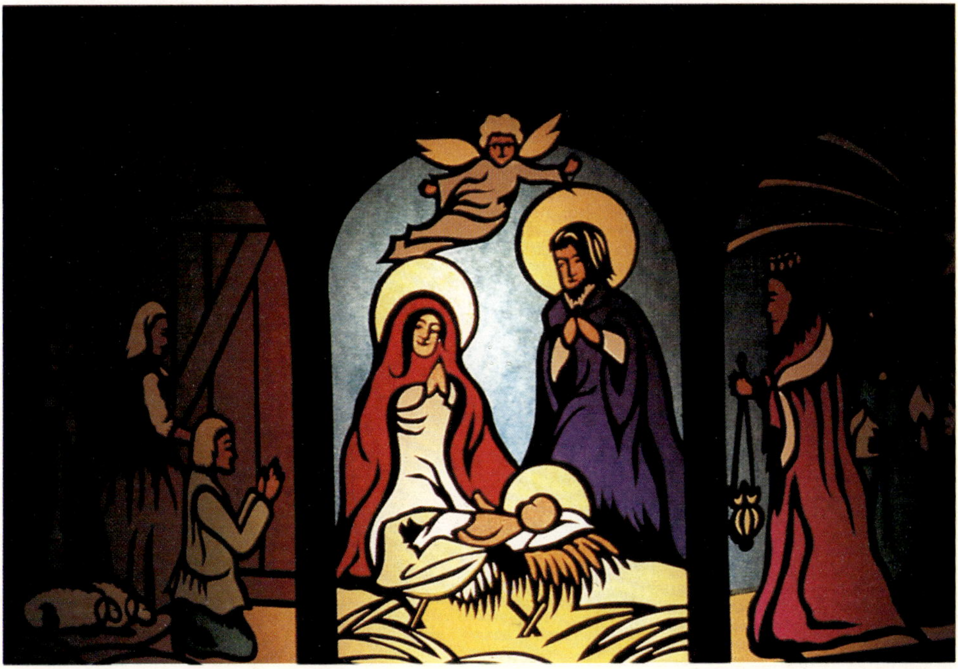

**Bild 6**
Auf ein Blatt Schreib-
papier zeichnen Sie den
Raster (1 Quadrat = 3 cm)
und übertragen die Zeich-
nung Kästchen für Käst-
chen.

**Bild 7**
Fahren Sie mit einem
dicken Filzschreiber die
Zeichnung nach, und fül-
len Sie schwarze Stellen
ganz aus. Die Linien müs-
sen einige Millimeter stark
sein, damit Sie genügend
Fläche zum Kleben haben.
Alle Linien und Formen
müssen miteinander ver-
bunden sein, sonst fallen
sie heraus.

**Bild 8**
Wenn Sie alle drei Zeich-
nungen vergrößert haben,
übertragen Sie diese auf
das schwarze Tonpapier.
Legen Sie zwischen Ton-
papier und Zeichnung das
weiße Schneider-Kopier-
papier und fahren Sie alle
Linien nach.

**Bild 9**
Beim Ausschneiden halten Sie das Federmesser nur mit vier Fingern und stützen den freien Daumen auf. So können Sie ein Abrutschen von der vorgezeichneten Linie vermeiden.

**Bild 10**
Nun wird das ausgeschnittene Gerippe mit farbigem Transparentpapier dekoriert. Helles Papier können Sie direkt auflegen und mit einem Bleistift in der Mitte der schwarzen Konturen die Form nachzeichnen. Ausschneiden und aufkleben.

**Bild 11**
Bei den dunklen Farben sieht man die Konturen nicht mehr durch. Zeichnen Sie diese auf weißes Transparentpapier und übertragen sie dann mit Hilfe des gelben Schneider-Kopierpapiers auf das farbige Transparentpapier.

# Zigarrenkiste und Strohdachhaus

*Sammeln Sie während des ganzen Jahres draußen das, was Sie für den Krippenbau brauchen. Die Natur schenkt es Ihnen!*

Die Naturmaterialien dieser beiden Krippenhäuser bilden die ansprechende, natürliche Umrahmung einer reizvollen Krippe.

Leider erhält man heute bei den Bauern kein langes Stroh mehr; ein Sonntagsspaziergang an einen Weiher oder in ein Ried versorgt Sie mit Binsen und Schilf, die das Stroh überzeugend ersetzen.

Die einfache Bauweise dieser beiden Krippenformen wurde bewußt gewählt und an den Anfang gestellt, damit Sie sich Ihre Begeisterung für diese schöne vorweihnachtliche Arbeit nicht durch einen langwierigen Krippenhausbau trüben lassen. Widmen Sie Ihre ganze Aufmerksamkeit der Herstellung und Ausschmückung der Krippenfiguren.

**Bild 12**
Neben den Binsen benötigen Sie eine leere Zigarrenkiste, Bast, zwei Holzstäbe oder Zweige, Weißleim und Kontaktkleber, eine Grundplatte (ca. 30 × 20 cm), Moos und Flechten zum Verzieren.

**Bild 13**  Die fertigen Krippenmodelle.

**Bild 14**
Kleben Sie die Vorder-
seite der Zigarrenkiste auf
die Grundplatte. Heben
Sie den Deckel, und pas-
sen Sie die Holzstempel
(ca. 18 cm) ein; die Ober-
seite winklig zur Dach-
neigung schneiden.
Kleben Sie die Holzstem-
pel mit Kontaktkleber fest.

**Bild 15**
Breiten Sie die Binsen
flach auf dem Tisch aus,
etwas breiter als die Zigarrenkiste, damit der Belag
über die Dachkanten fas-
sen kann. Mit einem lan-
gen Bastfaden weben Sie
die Binsenhalme zusam-
men. Drei Reihen mit
ca. 7 cm Abstand bieten
genügend Festigkeit.

**Bild 16**
Schneiden Sie die Länge
der Binsenmatte mit ca.
3–4 cm Überstand auf die
Dachfläche zu und kleben
Sie diese mit Weißleim
auf. Den Krippenboden
ebenfalls mit Weißleim
bestreichen und mit Bin-
senresten bestreuen. Mit
Moos und Flechten deko-
rieren.

14

**Bild 17**
Für das Strohdachhaus
sägen Sie zwei runde
Sperrholzplatten
(∅ 29 cm) aus. Aus der
Dachplatte nehmen Sie
einen Kreisausschnitt von
18 cm ∅ zentrisch her-
aus. Bohren Sie im Ab-
stand von 1 cm vom Au-
ßenrand eine Lochreihe
(∅ 4 mm) mit ca. 2 cm
Lochabstand. Die drei
Dachstützen sind ca. 30
cm hoch.

**Bild 18**
Binden Sie die Schilf-
halme oben mit Bast zu-
sammen, und drücken Sie
die Dachplatte von unten
her in die Bündelmitte, so
daß sich das Bündel
spreizt und die Halme
gleichmäßig ringsum an-
liegen. Anschließend
reihum bei jedem Loch ein
Bündel Schilf festnähen
und zusätzlich mit Kleb-
stoff fixieren.

**Bild 19**
Die drei Ständer kleben
Sie mit Kontaktkleber auf
die Grundplatte und set-
zen den Lochkranz mit der
festgenähten Schilfhaube
auf.
Zum Schluß können Sie
die Dachkante noch be-
schneiden (hinten 15 cm,
vorne 5 cm lang) und den
Fußboden wieder mit
Schilfresten u. a. gestalten.

# Der Fachwerkstall

Der Bau dieser Fachwerkkrippe erfordert einige unerläß-
liche Werkzeuge, räumliche Bewegungsfreiheit, ein
Mindestmaß an handwerklichem Geschick und Selbst-
vertrauen – und einige Stunden der Muße.

Die dunkel gebeizten Leisten auf hellem Grund lassen
das Fachwerk markant hervortreten; die Verwendung
einer strukturierten Hartschaumplatte erinnert ein-
drucksvoll an verwittertes Mauerwerk. Der vorgesetzte
Anbau gibt der Krippe die räumliche Dimension, und das
weit ausladende Dach mit den kleinen Holzschindeln un-
terstreicht die den Krippen eigene heimelige Geborgen-
heit. Natürlich dürfen in einem Stall Stroh, Moos und
Flechten als Dekoration nicht fehlen. Sie können auch
den Innenraum mit einer Miniatur-Laterne beleuchten.

**Bild 20**
Sie benötigen:
Sperrholz 6 mm stark,
Leisten 15 × 5 mm, Holz-
furnierreste, eine struk-
turierte Styroporplatte
(Deckenplatte), Kontakt-
kleber und Weißleim,
Bohrer, Säge und Beize,
Druckklammern bzw.
Schraubzwingen.

**Bild 21** und **22**   *Seite 17*
Maße und Werkzeuge, die
zum Bau dieser Krippe
wichtig sind.

16

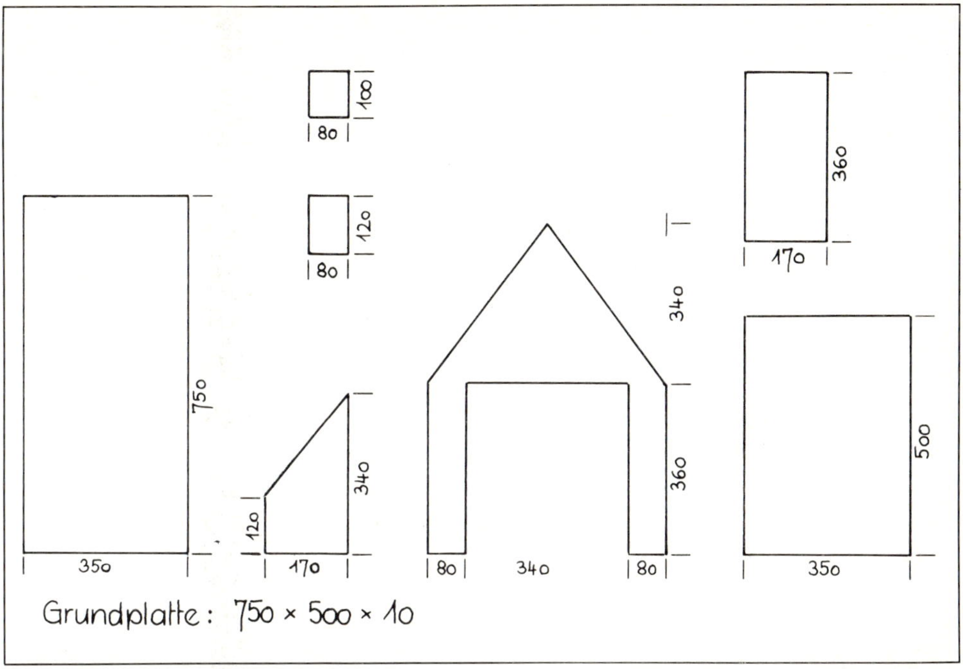
100
80
120
80
360
170
750
340
120
340
360
500
350
170
80
340
80
350
Grundplatte: 750 × 500 × 10

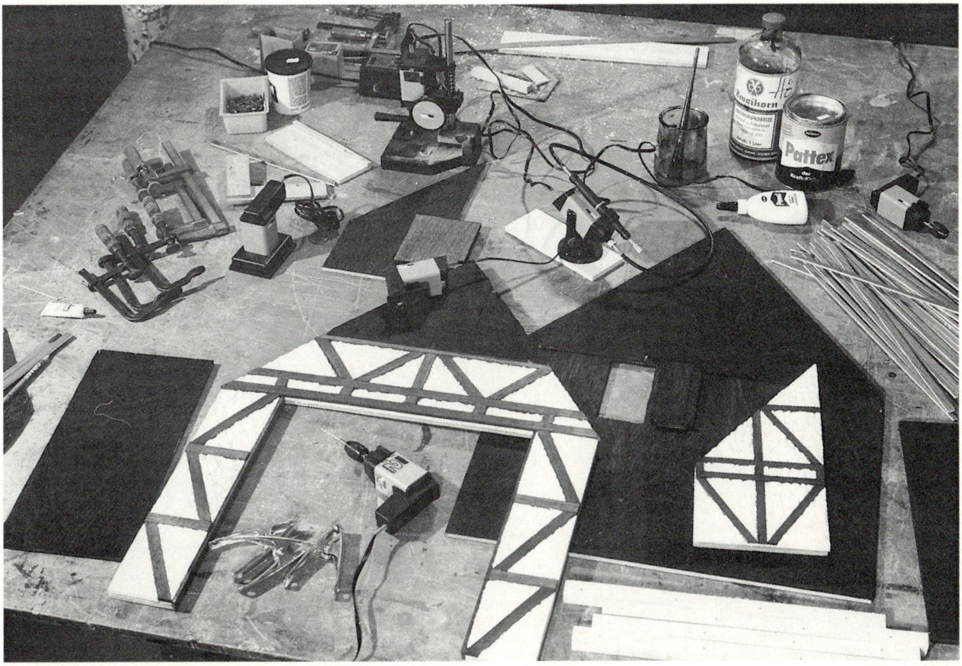
Pattex

**Bild 23**
Zuerst schneiden Sie aus der Sperrholzplatte Vorderfront und Giebel aus und ein gleiches Teil für die Rückwand (Rest für den Anbau aufheben!). Den Torausschnitt genau halbieren als Seitenteile für den Stall.

**Bild 24**
Die Vorderfront ca. 50 cm hoch mit Weißleim oder speziellem Styroporkleber bestreichen und Styroporplatte aufkleben. (Keinen Kontaktkleber für Styropor verwenden!)

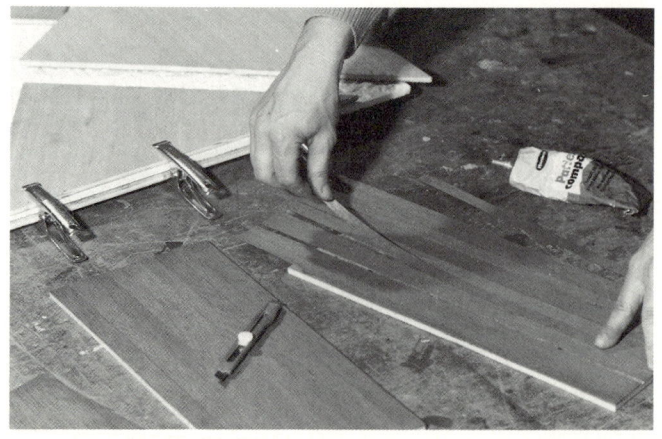

**Bild 25**
Während die Front eingespannt trocknet, haben Sie Zeit, die Seitenteile außen und die Innenseite der Rückwand zu furnieren. Erst nach dem Zusammenbau werden alle Holzteile geölt oder lackiert, damit der Leim beim Zusammenbau besser binden kann.

18

**Bild 26**
Aufgeklebtes Styropor
entsprechend dem Holz-
ausschnitt nachschnei-
den. Den Rest heben Sie
für das Frontteil des
Anbaus auf.

**Bild 27**
Legen Sie die Holzleisten
für das Fachwerk gemäß
Muster in Bild 32 (Seite 21)
auf und schneiden Sie mit
einem scharfen Feder-
messer an den Leisten
entlang. Leisten wegneh-
men und Styropor dar-
unter wegfräsen bzw. aus-
heben.

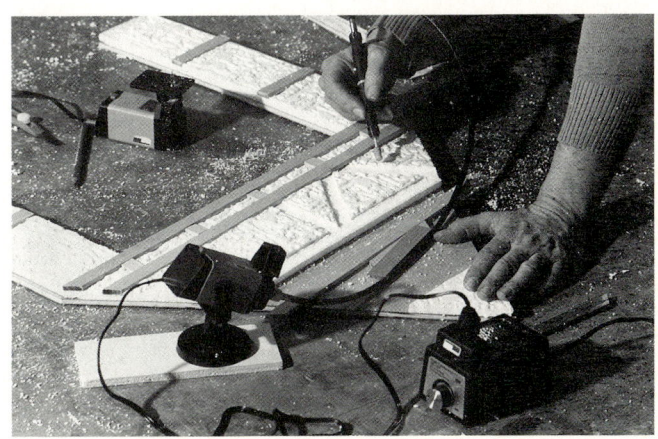

**Bild 28**
Nach den langen Querbal-
ken passen Sie die schrä-
gen Stützbalken ein. Alle
Leisten müssen in das
Mauerwerk eingelassen
werden, damit sie echt
aussehen.

**Bild 29**
Die Leisten für die Stützbalken müssen Sie im ent-
sprechenden Winkel zum
Querbalken sauber ablän-
gen, gegebenenfalls
mit der Feile bzw. dem
Schleifteller nachkorri-
gieren.

**Bild 30**
Grate und Sägespuren
sollten vor dem Beizen
sauber abgeschliffen
werden.

**Bild 31**
Die Fachwerkbalken bei-
zen, trocknen lassen und
wiederum mit Weißleim
einkleben.
Das Fachwerk für den
Anbau arbeiten Sie
wieder nach Bild 32 auf
Seite 21 nebenan.

**Bild 32**    Das große Dach wird mit Holzschindeln gedeckt.

**Bild 33**
Die Giebelspitze wird mit
Furnier „verkleidet".

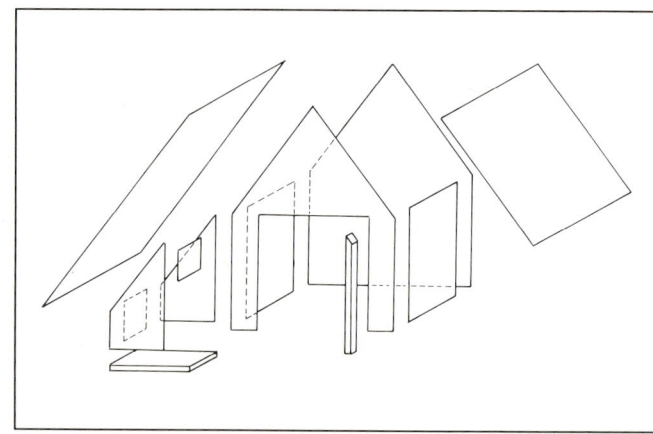

**Bild 34**
Schema für den Zusam-
menbau des Stalls.
Das ganze Haus wird auf
die Grundplatte
(750 × 500 × 10 mm)
geleimt.

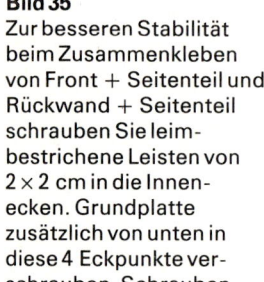
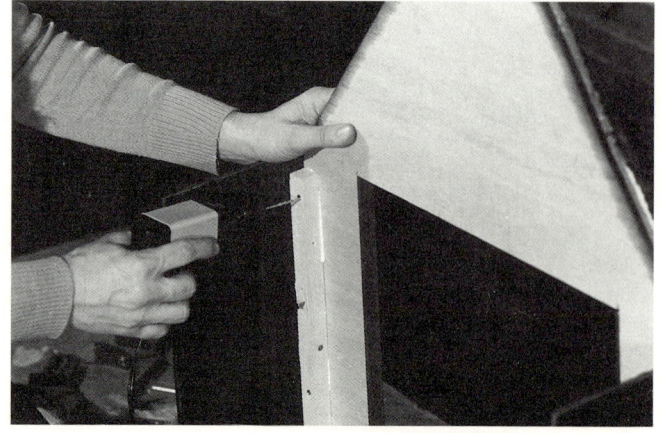

**Bild 35**
Zur besseren Stabilität
beim Zusammenkleben
von Front + Seitenteil und
Rückwand + Seitenteil
schrauben Sie leim-
bestrichene Leisten von
2 × 2 cm in die Innen-
ecken. Grundplatte
zusätzlich von unten in
diese 4 Eckpunkte ver-
schrauben. Schrauben-
köpfe versenken.

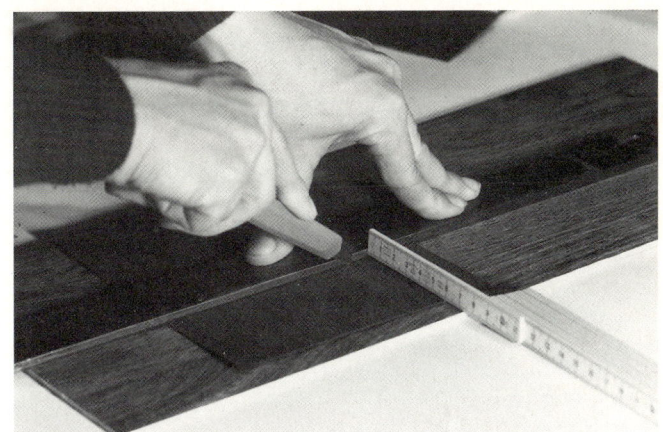

**Bild 36**
Für die Dachschindeln
schneiden Sie Furnier-
streifen von 6 cm Länge
quer zur Maserung und
brechen sie dann in ca.
3 cm breite Schindeln.

**Bild 37**
Schindeln am oberen
Rand vorne und hinten mit
Kontaktkleber bestrei-
chen, ebenfalls die ange-
rissene Linie auf der Dachplatte (5 cm über dem auf-
genagelten letzten Bal-
ken) sowie die Unterseite
des „Halte- und Abstands-
balkens" (6 mm breite
Leiste aus Sperrholz).

**Bild 38**
Wenn der Kontaktkleber
abgelüftet ist, drücken Sie
die Schindeln in Schup-
penform auf und nageln
den Balken darauf. Vor
dem Nageln Leiste anboh-
ren, dann spaltet sie sich
nicht so schnell. Unten an
der Traufe mit einem Bal-
ken beginnen, oben auf
dem First ohne Balken ab-
schließen (siehe Bild 142,
Seite 64).

# Holzkegelfiguren

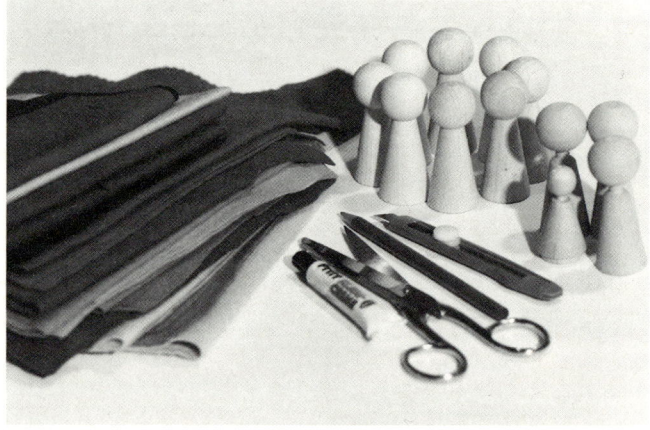

**Bild 39**
Sie brauchen:
Fertige Holzkegel, die Sie
in Bastelgeschäften kau-
fen können, Filz in ver-
schiedenen Farben und
Dispersionsfarben für
Gesichter und Haare.

**Bild 40**
Holzkegelköpfe mit rosa
Dispersionsfarbe grun-
dieren.
Falls Ihnen das Naturholz
als Gesichtsfarbe lieber
ist, können Sie sich diese
Vorarbeit sparen.

**Bild 41**  Die Holzkegelfiguren sind dem einfachen Krippenmodell angepaßt.

**Bild 42**
Malen Sie mit Dispersionsfarbe Augen, Mund und Frisuren. Setzen Sie in die runden Augen kleine weiße Punkte; so bekommen sie lebendigen Glanz.

**Bild 43**
Angezogen werden die Figuren mit bunten Filzresten.
Sie sollten die Holzkegel zuerst mit einem „Unterkleid" umkleben.

**Bild 44**
Danach schneiden Sie Arme aus Filz (doppellagig im Halbrund), passend zum Kleid oder zur Bluse. Die Hände werden aus rosa Filz dazwischengeklebt. Ein Mäntelchen im passenden oder kontrastierenden Farbton vervollständigt die Garderobe.

**Bild 45**
Maria hat einen blauen
Umhang, der über den
Kopf bis auf den Boden
reicht.
Das Jesulein im weißen
Kleid liegt mit einem
Heiligenschein auf
Wolle gebettet.
Josef trägt über seinem
hellblauen Kleid einen
dunkelblauen Mantel mit
Pelerine.

**Bild 46**
Die Heiligen Drei Könige
sind mit Goldborten und
Perlen fein herausgeputzt
und prächtig anzusehen.
Natürlich darf ein Krön-
chen nicht fehlen.

**Bild 47**
Die Bauern tragen ein-
fache Umhänge, einige
einen Hut; die Bäuerinnen
ein Kopftuch.
Die Schafe können Sie
aus ovalen Holzperlen fertigen: 3 Stück Pfeifenput-
zer à 5 cm Länge durch-
stecken, 4 Enden als Beine
herunterbiegen, das mitt-
lere Stück zu einem Kopf
zusammenrollen.

# Rupfenfiguren

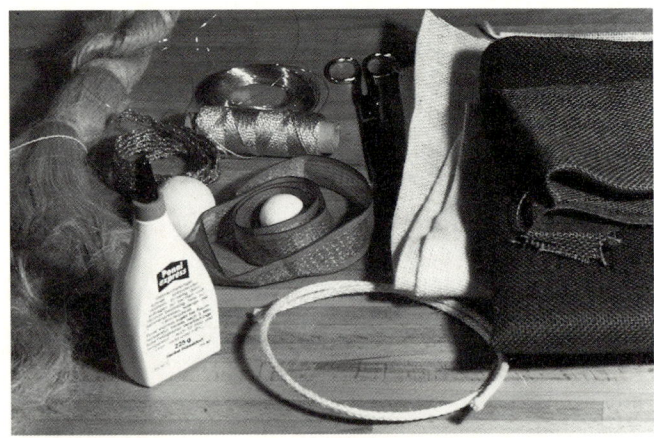

**Bild 48**
Für diese einfachen Rupfenfiguren benötigen Sie: Festen Zeichenkarton, verschiedenfarbigen Rupfen, Watte-Eier (ca. 6 cm groß), Sisaldrahtschnur, feinen biegsamen Draht, Weißleim und Tapetenkleister und Flachs für die Haare

**Bild 49**
Zeichnen Sie eine Schablone für den Rock, 15 cm hoch, oben 10 cm und unten 25 cm breit, im leichten Halbrund. Schneiden Sie die Form aus, rollen Sie sie zusammen, und testen Sie die Standfestigkeit (evtl. korrigieren!).

**Bild 50** Die rustikalen Rupfenfiguren im Strohdachhaus.

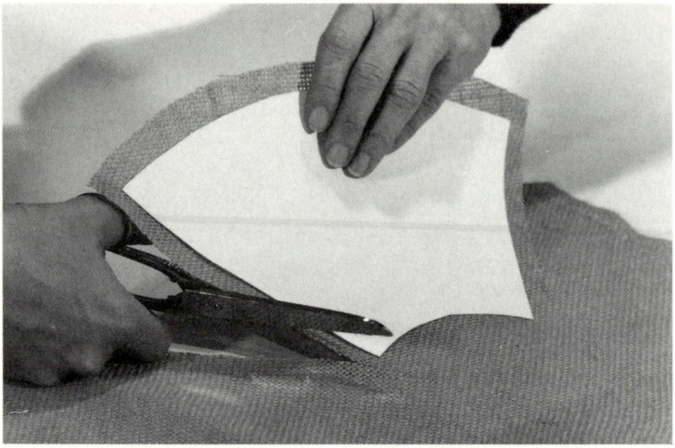

**Bild 51**
Nach Ihrer Schablone
schneiden Sie einen
neuen Karton, dazu ein
Rupfenteil mit ca. 1 cm
Überstand auf allen
Seiten.

**Bild 52**
Verwenden Sie für den
Karton einen Kontakt-
kleber, damit die Naht
nicht wieder aufspringt.

**Bild 53**
Mit einer langen Schere
oder einem Lineal von
innen gegen die Klebe-
stelle drücken, damit sie
auf der ganzen Länge gut
zusammenhält.

**Bild 54**
Streichen Sie den fertigen
Karton-Rock mit Weiß-
leim ein und beziehen Sie
ihn mit dem zugeschnitte-
nen Rupfenteil.
Die Kanten oben und
unten umbücken und
innen festkleben.

**Bild 55**
Jetzt streichen Sie das
Watte-Ei, in das Sie ein
Hölzchen als Hals einge-
klebt haben, ebenfalls mit
Weißleim ein und drücken
es auf ein 10 × 10 cm gro-
ßes Rupfenstück, diago-
nal zum Fadenlauf.
Für Gesicht und Hände
verwende ich selbst den
feinen, naturfarbenen
Rupfen.

**Bild 56**
An den Stoffecken diago-
nal fest ziehen, damit das
Gesicht glatt und ohne
Falten sitzt. Das Gesicht in
die Handfläche legen und
den Reststoff ringsum
einschneiden, damit Sie
sauber Stück für Stück
über den Hinterkopf
kleben können.

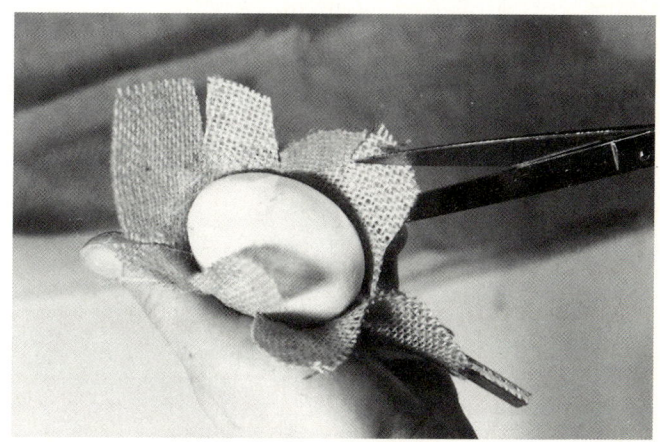

**Bild 57**
Zuletzt kleben Sie das
oberste Stirnteil glatt über
den Hinterkopf.
Dies ist vor allem wichtig,
wenn Sie Frisuren mit
Halbglatzen machen
wollen.

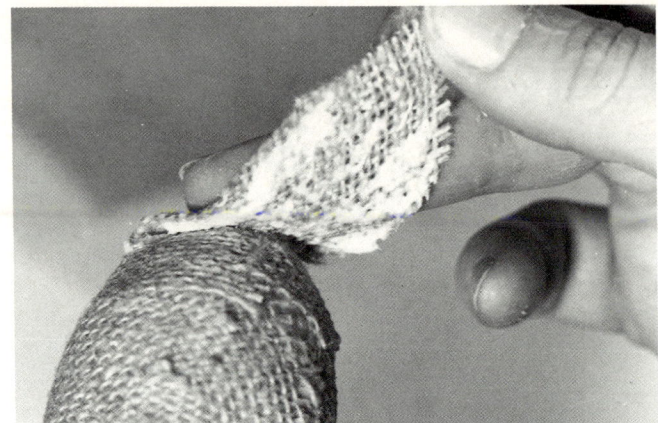

**Bild 58**
Überziehen Sie 30 cm
Sisaldraht mit einem ca.
3 cm breiten Rupfenstück
in seiner ganzen Länge.
Kleben Sie den Rand mit
Weißleim gut fest, damit
nicht einzelne Rupfen-
fasern abstehen.

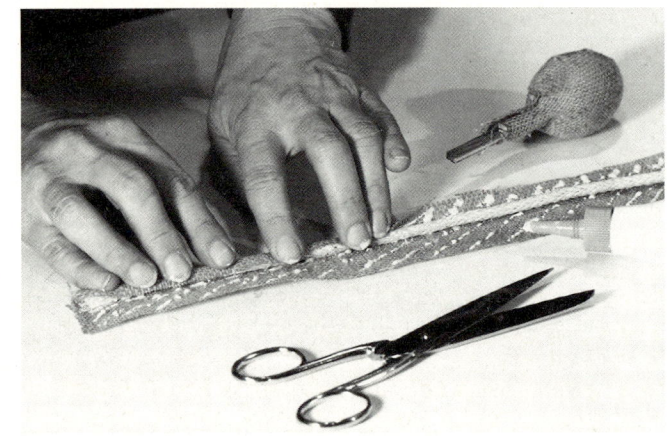

**Bild 59**
Drahten Sie den überzo-
genen Kopf am Hals mit
den Armen zusammen.

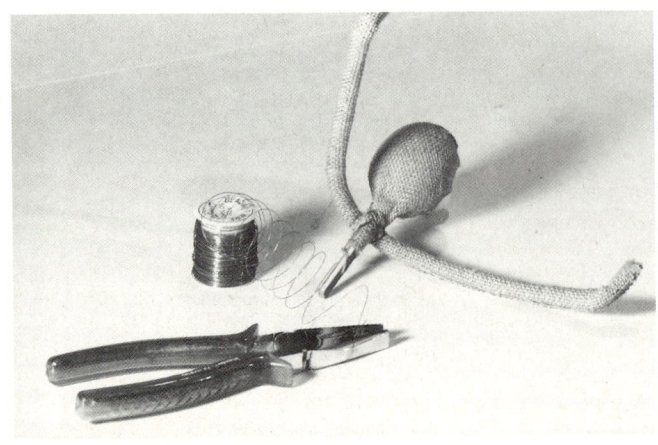

**Bild 60** und **61**    *Seite 33*
Die angezogenen Rupfen-
figuren.

32

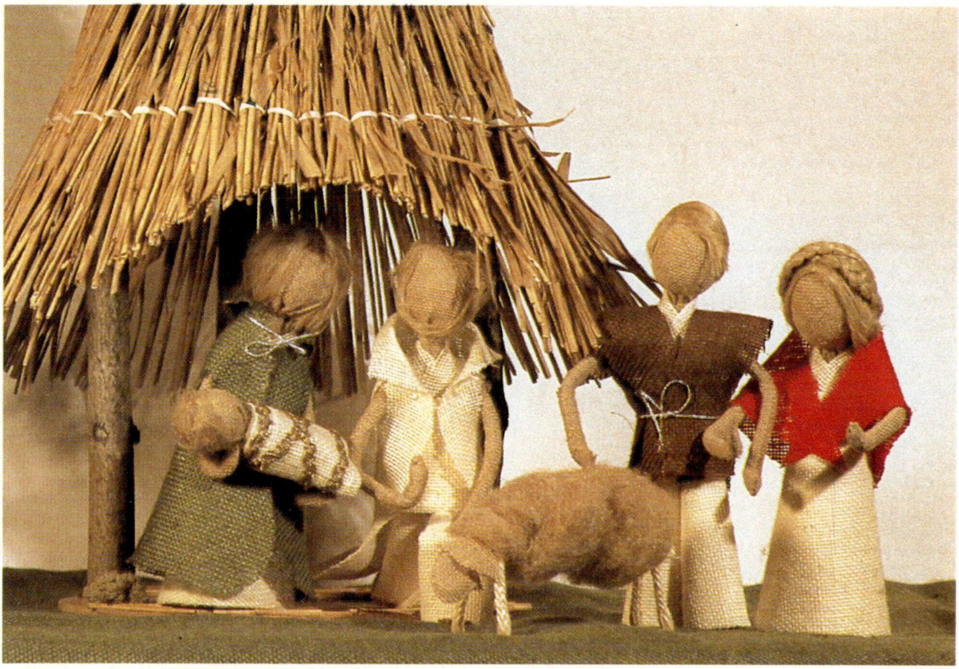

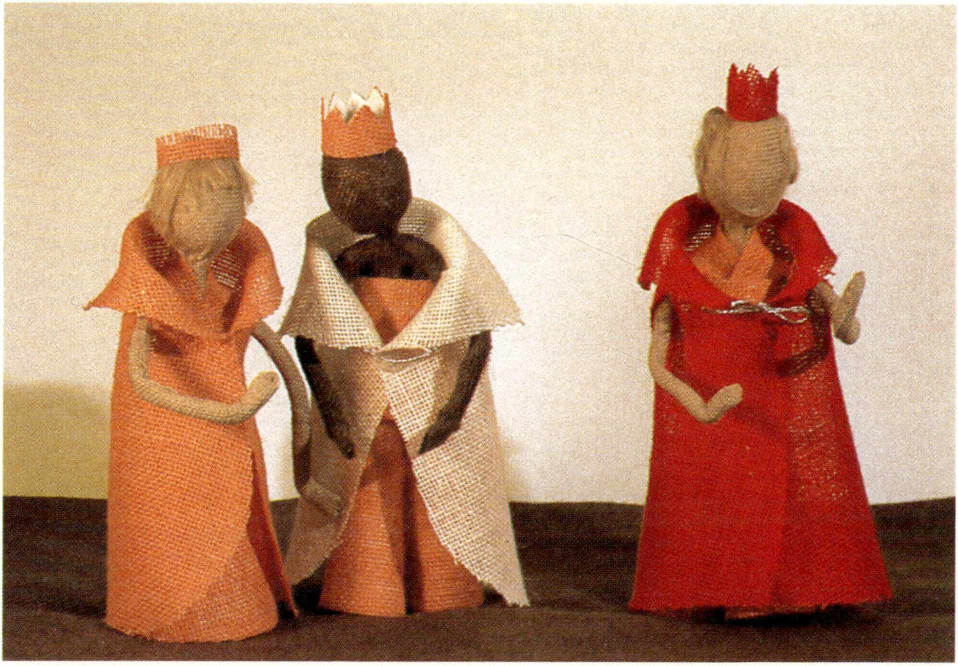

**Bild 62**
Über die verdrahtete
Stelle wird „Haut"
gezogen.
Aus dem naturfarbenen
Rupfen, wie Gesicht und
Hände, einen Streifen
3 × 10 cm mit Leim bestrei-
chen und von vorne um
die Schulter legen.

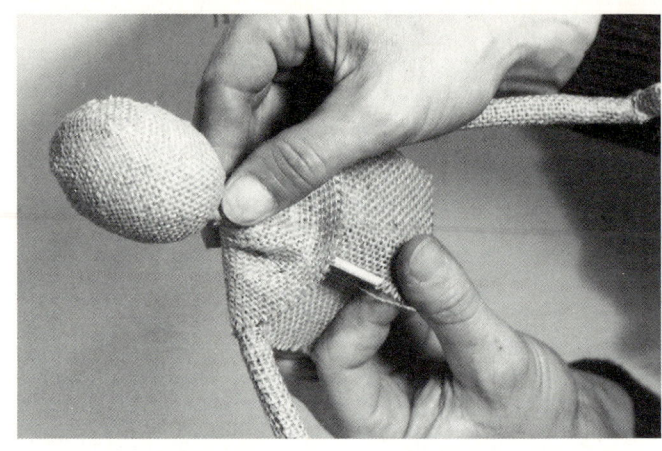

**Bild 63**
Einen gleich großen Streifen, jetzt aber in der Farbe
des Kleides, von hinten
nach vorne um die Schul-
tern legen.
Das ist die Bluse.

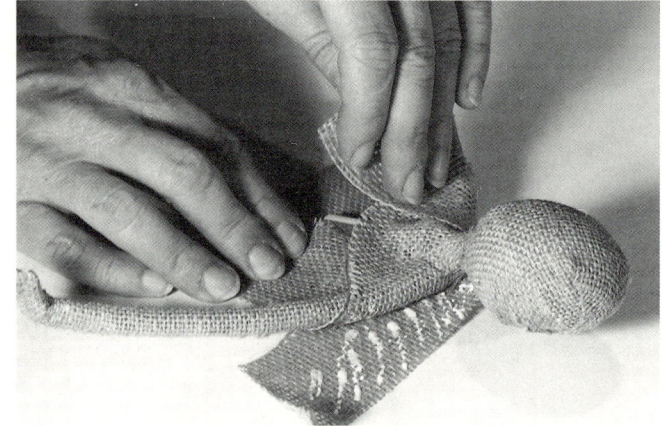

**Bild 64**
Nun stecken Sie das
ganze Oberteil in die zuvor
bezogene oben und unten
offene „Tüte" und kleben
es innen fest.

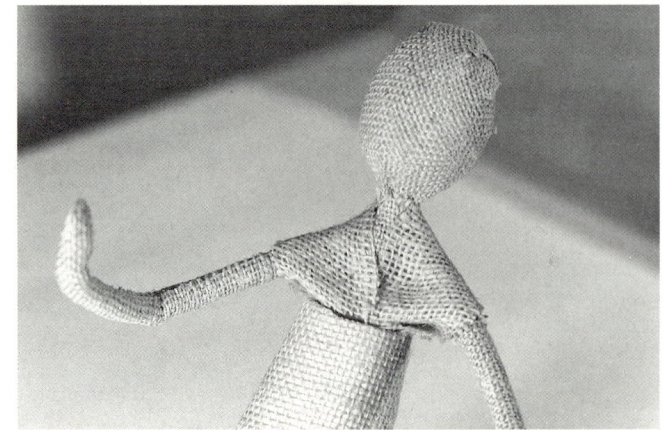

**Bild 65**
Für Figuren mit Hosen-
beinen halbieren Sie die
Rockschablone längs und
kleben zwei Beintüten und
eine 5 cm kurze Tüte als
Bauch.
In den Bauch das Oberteil
einkleben, Hosenbeine
von unten einschieben
und festkleben.

**Bild 66**
Die Frisuren sind aus
Flachs. Die Kurzhaarfrisur
büschelweise mit Tape-
tenkleister einstreichen
und aufkleben.
Bei der Gretchenfrisur
den Mittelscheitel auf ein
Band aufnähen, Haare
aufkleben, flechten und
um den Kopf schlingen;
dann festkleben.

**Bild 67**
Das Schäfchen hat eben-
falls Gesicht und Ohren
aus Rupfen. Den Körper
können Sie mit Flachs
oder richtig wollig mit dieser naturfarbenen Füll-
watte (für Puppenkörper)
umwickeln.
(Anleitung Seite 62).

# Die Bilderkrippe als Laubsägearbeit

Die nebenan gezeigte Bilderkrippe ist ein Werk des Kirchenmalers Johann Georg Mesmer, die er im Jahr 1774 für die Pfarrkirche Altdorf-Weingarten geschaffen hat. Die ca. 1,50 m hohen, 1971 restaurierten Bildtafeln können nur zu Weihnachten in der Basilika zu Weingarten bewundert werden.

Die Mesmer-Krippe wird wegen der Schönheit ihrer Formen und Farben und ihrer religiösen Aussagekraft sehr geschätzt. In vier Bildergruppen sind neben der Geburt Christi noch drei weitere Begebenheiten aus seiner Kindheitsgeschichte dargestellt.

Für die Bilderkrippe „im Wohnzimmerformat" wurden hier die herrlichen Wachsfiguren aus dem Kloster Kellenried (Seite 5) als Vorbild genommen.

**Bild 68**
Eine Auswahl brauchbarer Sägen für eine solche Laubsägearbeit.
Eine große stationäre Laubsäge, zwei verschiedene Handlaubsägen und eine kleine, sehr wendige Stichsäge.

**Bild 69** und **70**  *Seite 37*
Ausschnitte aus der Mesmer-Bilderkrippe in der Basilika zu Weingarten (Württ.).

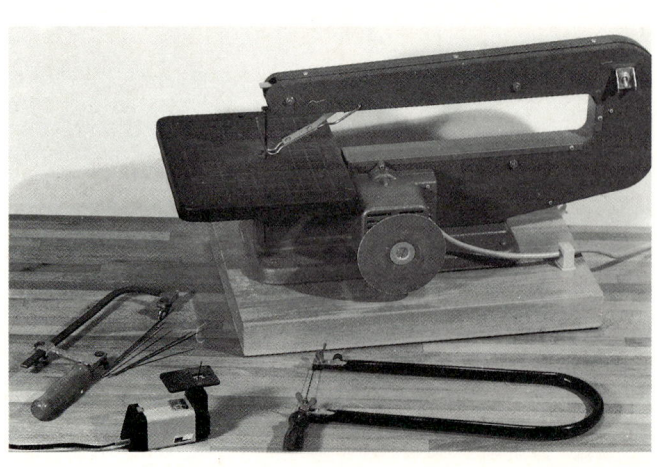

Bilder-Krippe
von Johann Georg Nießner
aus Wolkersdorf im Bayrischen
gemalt im Jahre
1774

**Bild 71**
Wenn Sie nicht frei zeichnen können, projizieren
Sie ein Dia an die Wand,
heften unter die Figur, die
Sie kopieren wollen, ein
weißes Blatt Schreib-
papier und zeichnen alle
Konturen und Einzel-
heiten nach.

**Bild 72**
Von dieser Zeichnung
übertragen Sie mit einem
Kohlepapier nur die
Außenkonturen auf eine
Sperrholzplatte.

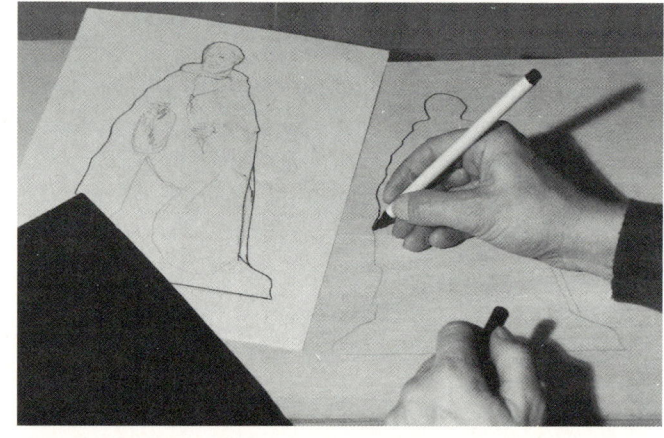

**Bild 73**
Entlang dieser Kontur
sägen Sie die Figur aus
dem Sperrholz aus.

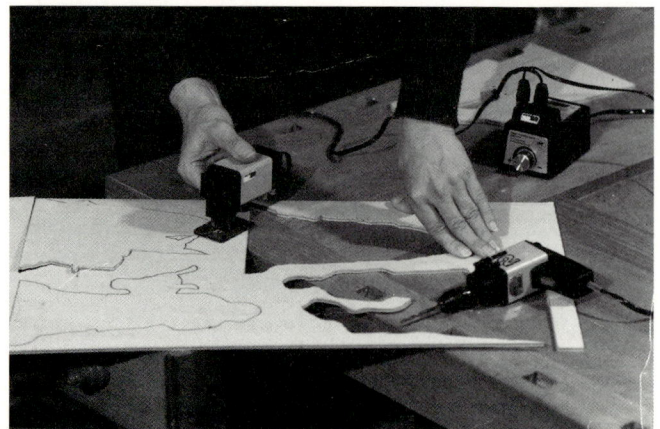

**Bild 74**
Bei Innenkonturen müssen Sie zuerst ein Loch bohren, bevor Sie die Säge durchstecken und weiterarbeiten können.

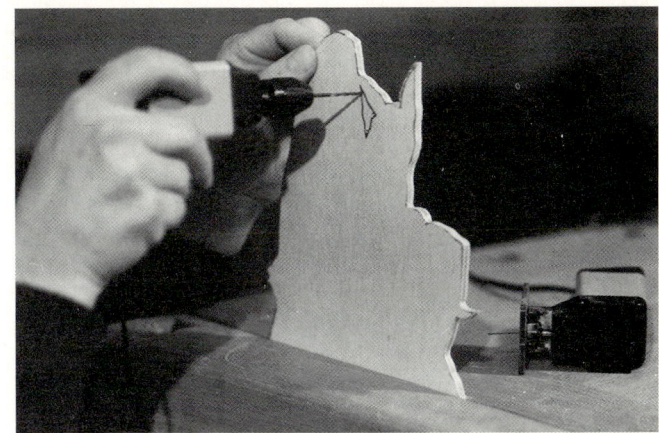

**Bild 75**
Nach dem Sägen müssen die Kanten und die Oberfläche fein geschliffen werden.

**Bild 76**
Solange Sie die Säge noch bei der Hand haben, schneiden Sie sich rechtwinklige Dreiecke als Stützen für die Figuren. Sie sollten sie jedoch noch nicht festleimen, denn erst müssen Sie noch zeichnen und malen.

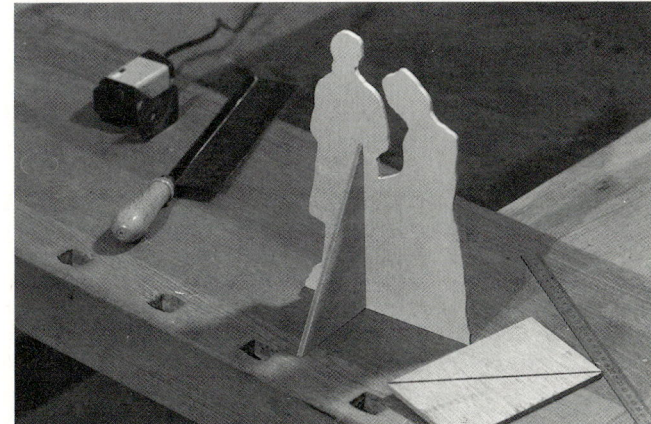

**Bild 77**
Grundieren Sie die Sperr-
holzfiguren mit unver-
dünnter weißer Disper-
sionsfarbe auf beiden
Seiten. Sie vermeiden
dadurch ein Verziehen
des dünnen Holzes. Für
den 2. und 3. Anstrich auf
der Vorderseite sollten
Sie die Farbe etwas ver-
dünnen und zwischen-
durch gut trocknen
lassen.

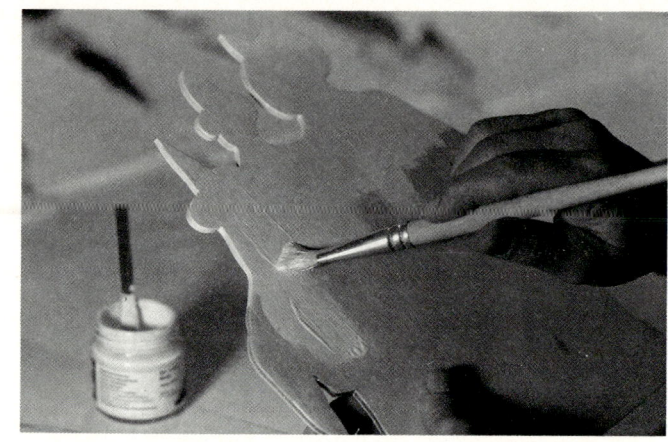

**Bild 78**
Schneiden Sie Ihre Zeich-
nung und das Kohlepapier
auf die Figurengröße zu
und fixieren Sie beides
oben und unten mit Klebe-
band, damit die Zeich-
nung nicht verrutscht.

**Bild 79**
Nun zeichnen Sie alle
Feinheiten in der Bildmitte
nach.
Verwenden Sie dazu
einen andersfarbigen
Stift, damit Sie über-
schauen können, ob Sie
nichts vergessen haben.

**Bild 80**  Die fertige Bilderkrippe.

**Bild 81**
Bevor Sie die Zeichnung
mit dem Kohlepapier
endgültig abnehmen,
kontrollieren Sie die
Vollständigkeit des
Durchgezeichneten.

**Bild 82**
Jetzt können Sie die
Zeichnung ausmalen. Mit
Wasserfarben (Deckfar-
ben) können Sie bis ins
feinste Detail gehen.
Mögen Sie es rustikaler,
dann verwenden Sie
Dispersionsfarben
(z. B. Bauernmalfarben).

**Bild 83**
Wenn Sie mit Wasserfar-
ben gemalt haben, sollten
Sie zum Schluß die Figu-
ren lackieren und danach
die bereits vorbereiteten
Dreiecke als Standstützen
mit Kontaktkleber an den
Rückseiten befestigen.

---

**Bild 84** und **85**   *Seite 43*
Die einzelnen Gruppen
der Bilderkrippe.

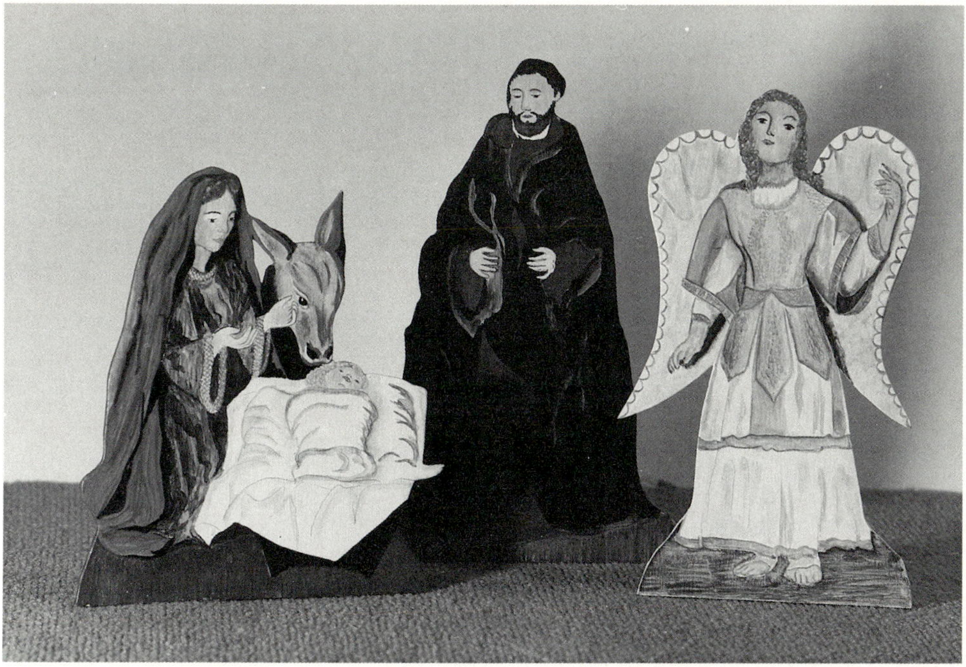

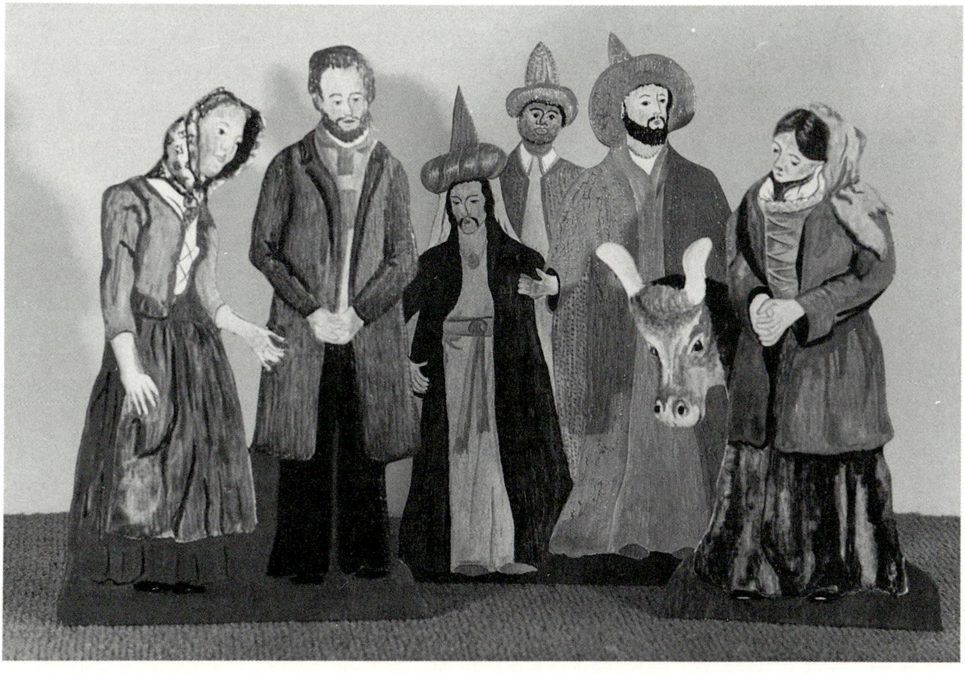

# Krippenfiguren
# mit modellierten Gesichtern

*Das Modellieren von Gesichtern ist eine reizvolle Technik, nicht schwierig, aber effektvoll.*

Eine weithin beliebte Art origineller Krippengestaltung ist es, sich Figuren mit individuell modellierten Gesichtern und stilgerechten Kleidern selber zu machen.

Ich habe Ihnen die Möglichkeit aufgezeigt, mit einfachen Mitteln und nur ein wenig Geschick ausdrucksvolle Gesichter selbst zu modellieren. Die Kleider werden meist geklebt, es sei denn, Rüschen oder Ärmel müssen eingehalten werden. Bedenken Sie bei der Kleidung, daß Maria und Josef stets in alten biblischen Gewändern dargestellt werden, auch wenn Sie Bauern und Hirten in Trachten stecken wollen. Bei der Ausstaffierung der Heiligen Drei Könige sind der Phantasie hinsichtlich Gestalt, Material und Schmuck kaum Grenzen gesetzt. Vergessen Sie nicht die Geschenke der Herbeigeeilten!

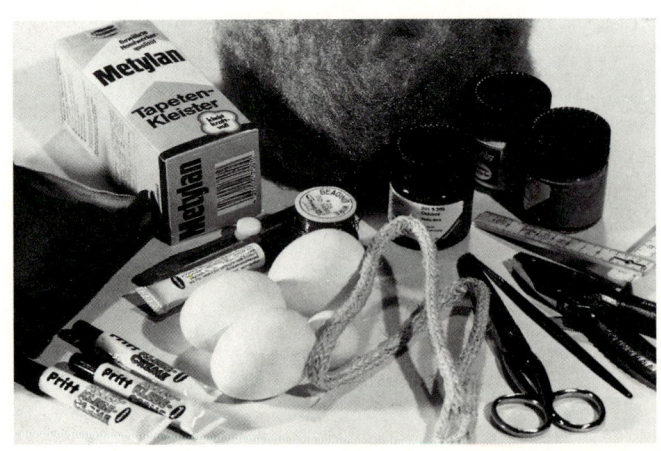

**Bild 86**
Sie brauchen dazu: Watte-Eier, Puppengesichter-Trikot, Sisaldrahtschnur, Füllwatte, feinen biegsamen Draht, Dispersionsfarben, Weißleim und Tapetenkleister. Verschiedene Stoffe aus der Restekiste, evtl. fertige Perücken oder Haare, oder einfach Flachs.

**Bild 87**
Teilen Sie das Watte-Ei
in drei Teile ein. Das breite
Stück soll die Stirn sein,
also markieren Sie im
oberen Drittel eine Linie
für die Augen. Schneiden
Sie für die Augenhöhlen
an dieser Stelle das
Watte-Ei senkrecht an.

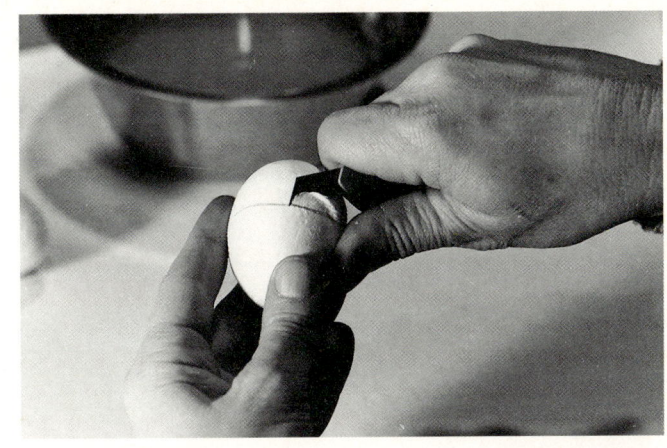

**Bild 88**
Klappen Sie die ange-
schnittene Augenhöhle
um, dann haben Sie die
Erhebung für die Backen-
knochen.
Mit Tapetenkleister
fixieren.

**Bild 89**
In die Mitte kleben Sie ein
Kügelchen oder einen
Streifen für die Nase.
Das Kinn wird aus einzel-
nen Stücken Papier-
taschentuch und Kleister
aufgebaut.

**Bild 90**
Nach jeder Lage Papier
müssen Sie wieder
Kleister darüberstreichen.

**Bild 91**
Bohren oder stechen Sie
ein Loch in das Watte-Ei,
und kleben Sie ein Holz-
stäbchen oder einen
dicken Draht als Hals
ein.

**Bild 92**
Köpfe aufstellen und
(mindestens) über Nacht
gut trocknen lassen.

46

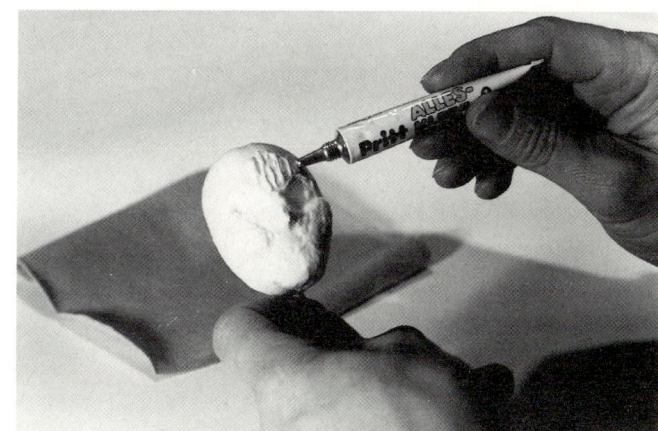

**Bild 93**
Schneiden Sie für den
Kopf ein 10 × 10 cm gro-
ßes Stück Trikot aus.
Vergessen Sie dabei
nicht, daß einer der
Heiligen Drei Könige ein
Mohr ist!

**Bild 94**
Bestreichen Sie das
Watte-Ei mit Weißleim,
und zwar nur die model-
lierte Gesichtshälfte, bis
kurz hinter die Ohren.

**Bild 95**
Drücken Sie das Gesicht
in die Mitte des Trikots,
die Enden sollen am Hin-
terkopf verklebt werden.
Möchten Sie eine Figur
mit Glatze haben, halbie-
ren Sie das Ei an der Ohr-
linie der Länge nach,
umspannen beide Hälften
mit Trikot, so daß die
Enden in der Eimitte
liegen; anschließend
zusammenkleben.

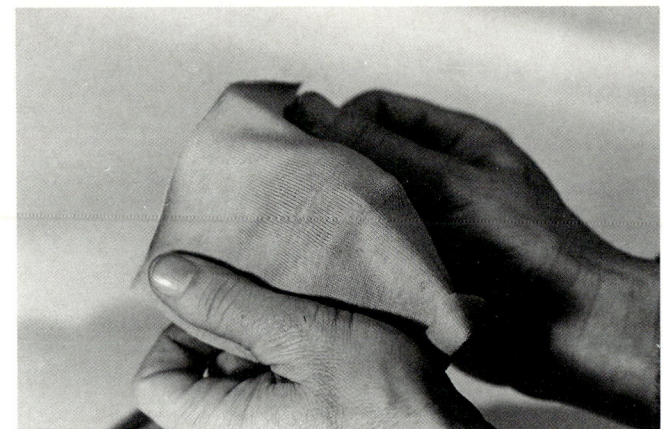

**Bild 96**
Spannen Sie den Trikot
gut über das Gesicht, achten Sie darauf, daß die
Maschen nicht schräg
laufen, denn das würde
nicht schön aussehen.

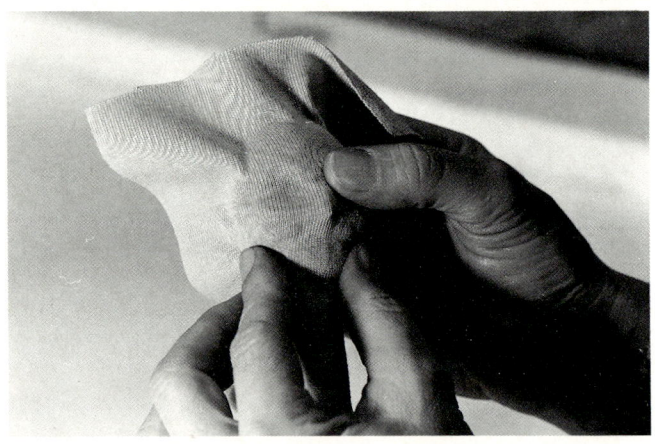

**Bild 97**
Nun drücken Sie den Tri-
kot gut auf das Gesicht,
damit er sich der vorgege-
benen Form anpaßt. Drük-
ken Sie fest in die Augenhöhlen, achten Sie darauf,
daß sich um die Nase und
das Kinn keine Falten
bilden.

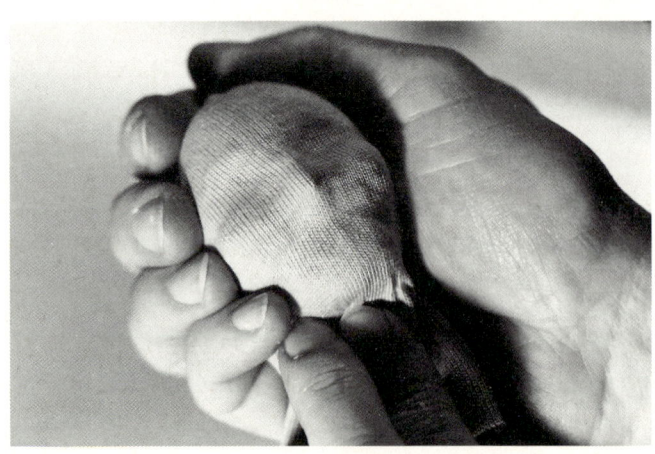

**Bild 98**
Die ganze Kopfform gut
spannen, damit bis zum
Haaransatz keine Falten
entstehen.

---

**Bild 99** *Seite 49 oben*
Durch einen „Lichtpunkt"
bekommen die Augen
Leben.

**Bild 100** *Seite 49 unten*
Das Bauernpaar fertig
angezogen.

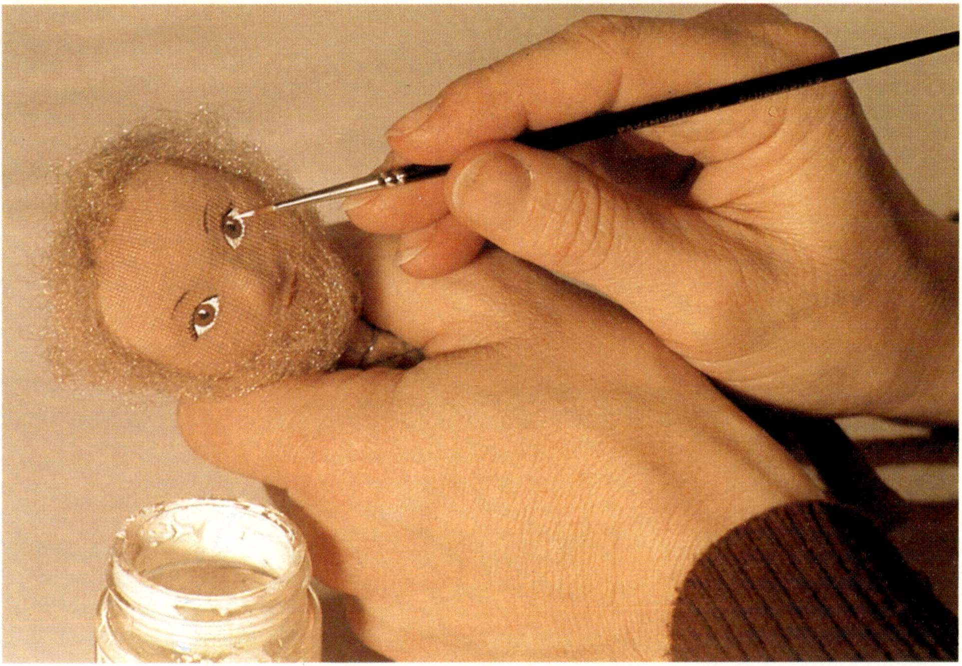

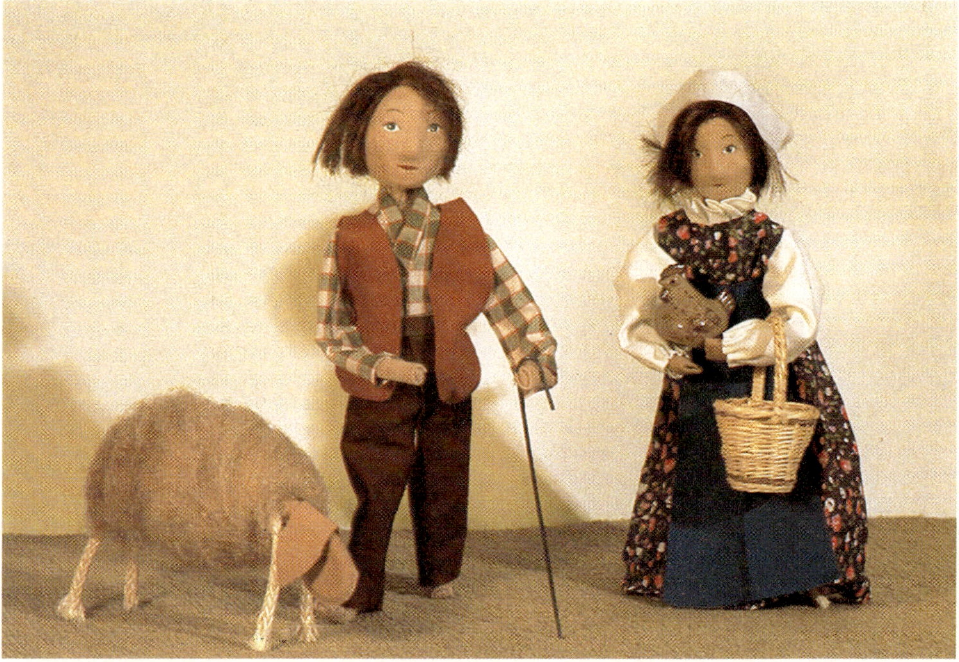

**Bild 101**
Zu großen Stoffüberstand
auf ca. 3 cm Länge zurück-
schneiden.

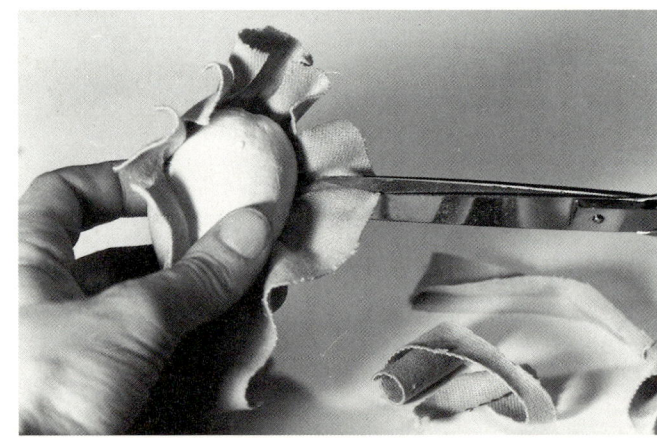

**Bild 102**
Schneiden Sie den Stoff-
rand ringsum ein.

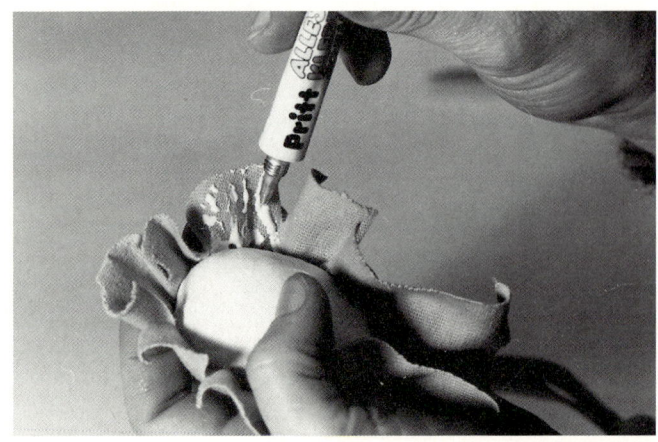

**Bild 103**
Anschließend bestrei-
chen Sie diese Stoffteile
gut mit Weißleim.

50

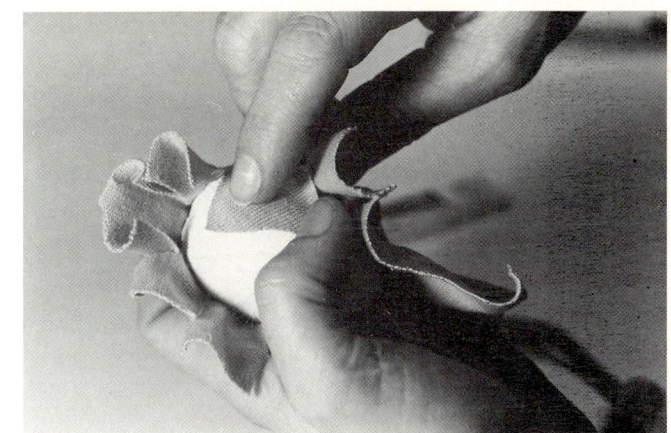

**Bild 104**
Kleben Sie Stück für
Stück schuppenartig um
den Hinterkopf.

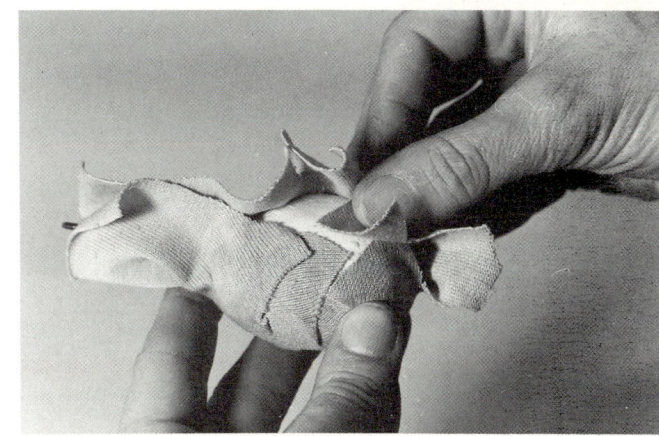

**Bild 105**
Dehnen Sie den Trikot
beim Festkleben, damit
nirgendwo Falten ent-
stehen.

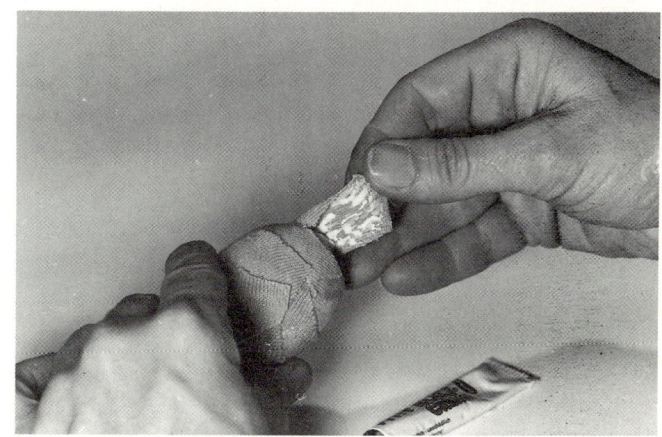

**Bild 106**
Als letztes kleben Sie das
Stückchen über der Stirn
auf den Scheitel.
Das gibt einen sauberen
Abschluß.

**Bild 107**
Malen Sie die Augen mit
Dispersionsfarben. Zuerst
grundieren Sie die ovale
Augenform mit Weiß.

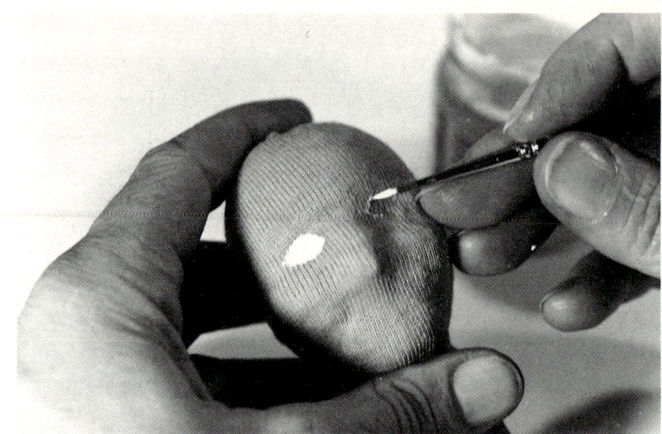

**Bild 108**
Mit Schwarz ziehen Sie
dünn die Oberkante der
weißen Augenform nach
und deuten an den Außen-
kanten mit kleinen Stri-
chen die Wimpern an.
In die Mitte setzen Sie die
Pupille und ziehen eine
zarte Markierung für die
Größe der Iris ein. Sie
sollte so groß sein, wie
das Auge hoch ist.

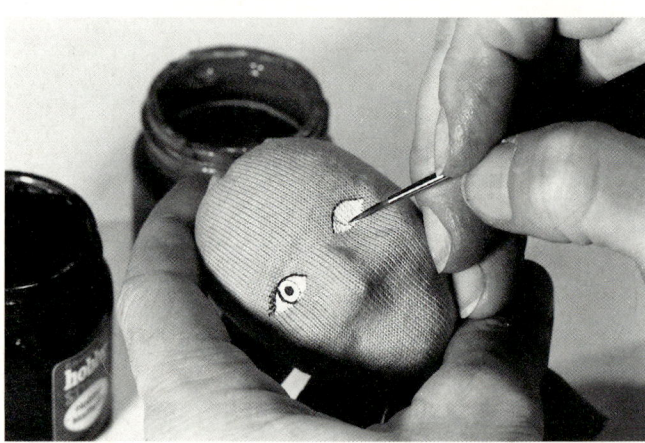

**Bild 109**
Malen Sie die Iris farbig,
und setzen Sie dunkle
Augenbrauen über die
Augen.
Malen Sie an jede Pupille
ein kleines weißes
Komma, das gibt den
Augen Leben. Dieses
sogenannte „Licht" muß
aber bei beiden Augen an
der gleichen Stelle sitzen,
sonst schielt die Figur.

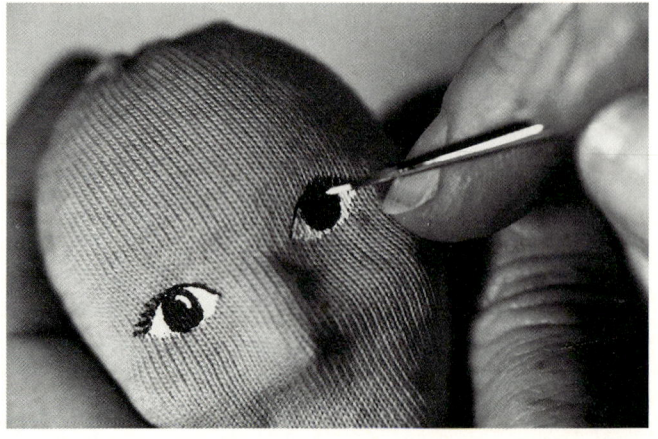

**Bild 110**
Probieren Sie die richtige
Frisur zu einem Gesicht
aus. Es gibt fertige Kunst-
faser-Perücken für Pup-
penköpfe zu kaufen. Man
kann aber auch Hanf,
Wolle oder ähnliches
Material verwenden.

**Bild 111**
Noch einfacher geht es,
wenn Sie bräunliche Füll-
watte verwenden. Natür-
lich eignet sich auch
Flachs, wie bei den
Rupfenfiguren.

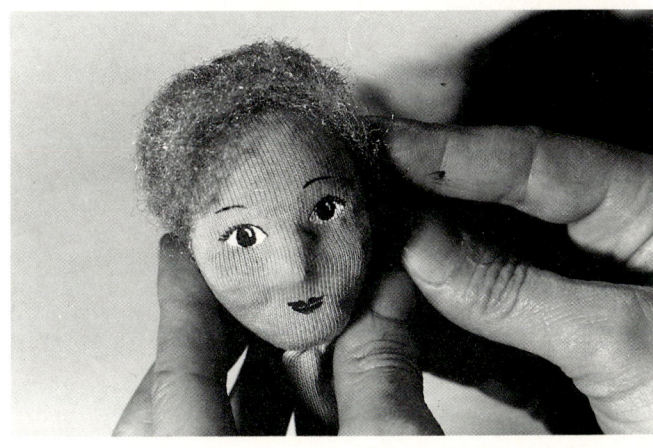

**Bild 112**
Eine kleine Spielerei:
Das gleiche Gesicht (wie
oben) sieht nun mit Bart
doch sehr männlich aus!
Sie sollten jedoch schon
vorher darauf achten, daß
Sie Männern einen weni-
ger vollen Mund malen als
Frauen.

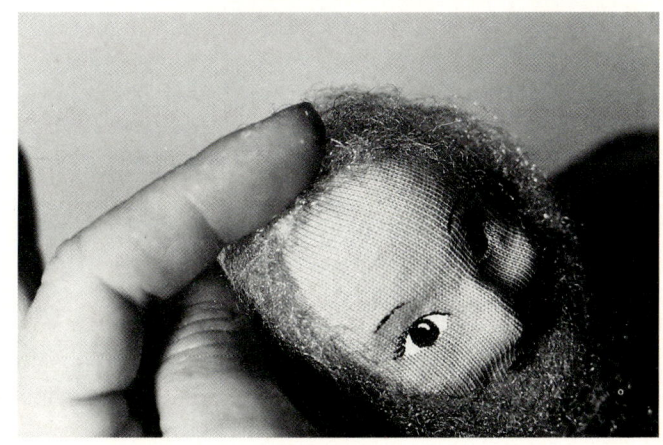

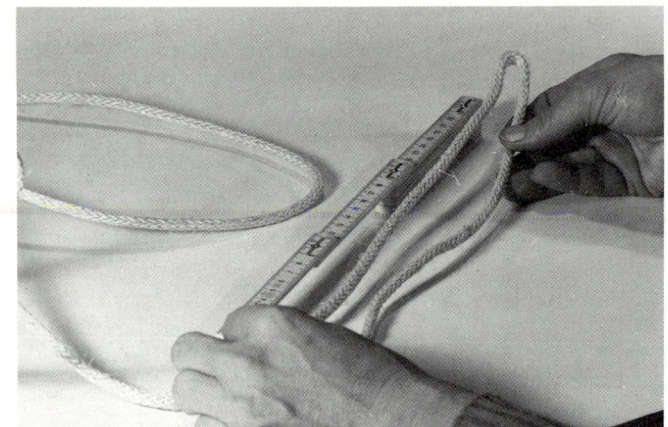

**Bild 113**
Für den Körper mit den
Beinen schneiden Sie ein
64 cm langes Stück Sisal-
draht ab und knicken es in
der Mitte in zwei gleich-
lange Stücke.

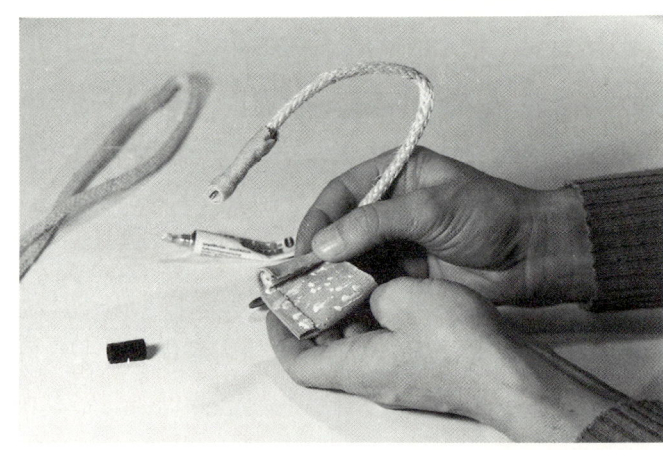

**Bild 114**
Für die Arme brauchen
Sie ein Stück Sisaldraht
von 20 cm Länge.
Umkleben Sie die Hände
und auch die Füße mit
Trikotwickeln.

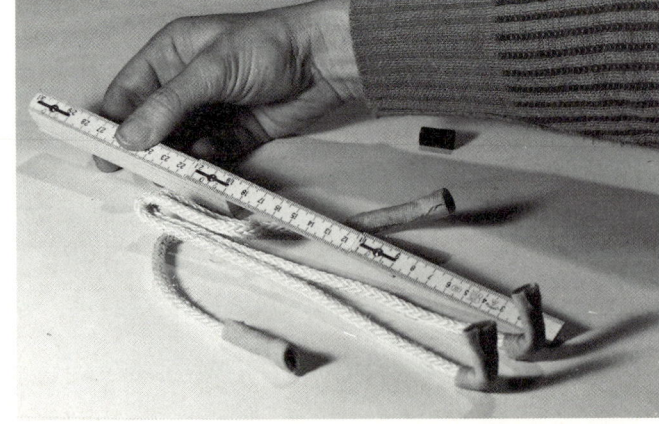

**Bild 115**
Füße umknicken, ca. 2 cm
lang. Von den Füßen bis
zur Schulter mißt diese
Figur 23 cm.
Der überstehende Sisal-
draht wird in Richtung
Füße geknickt und bildet
später den Brustkorb.

**Bild 116**
In diese Schlaufe legen
Sie die Arme und von
oben den Hals mit dem
Kopf.

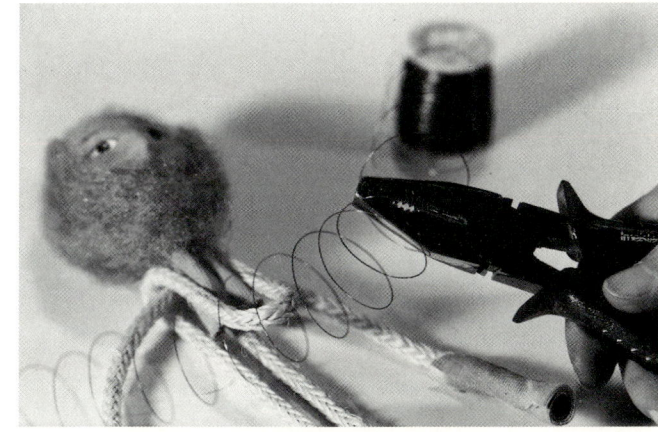

**Bild 117**
Mit dem dünnen Draht
umschnüren Sie alles zu
einem festen Oberkörper.

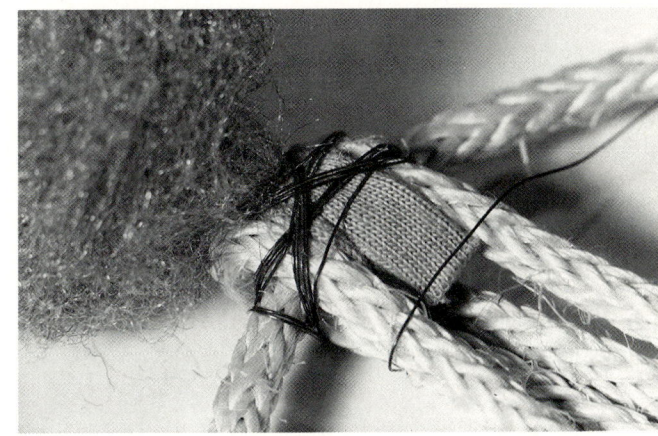

**Bild 118**
Legen Sie den Draht ein
paarmal über Kreuz,
damit sich die Arme nicht
mehr herausziehen
lassen.

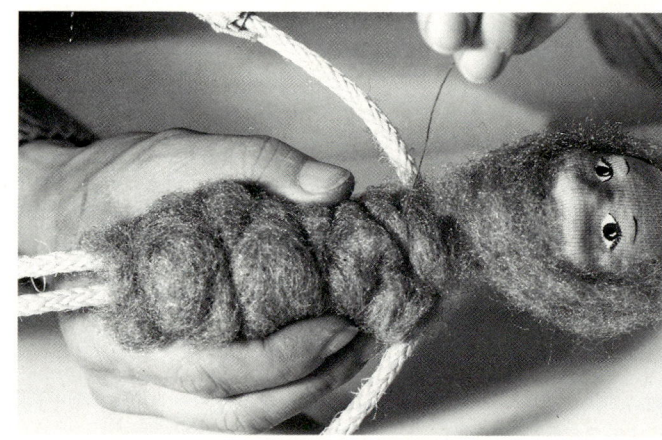

**Bild 119**
Damit unser Kerlchen
nicht so schmächtig aus-
sieht, bekommt es noch
einen athletischen Ober-
körper aus Füllwatte.

**Bild 120**
Die Füllwatte mit Zwirn
oder Draht umwickeln,
damit sie gut am Körper
anliegt.

**Bild 121**
Fertig ist der kleine Mann.

**Bild 122**    *Seite 57 oben*
Die Heilige Familie in
ihren schlichten Gewän-
dern.

**Bild 123**    *Seite 57 unten*
Die Heiligen Drei Könige
sind mit Goldborten,
Perlen und Brokat aufs
feinste herausgeputzt.

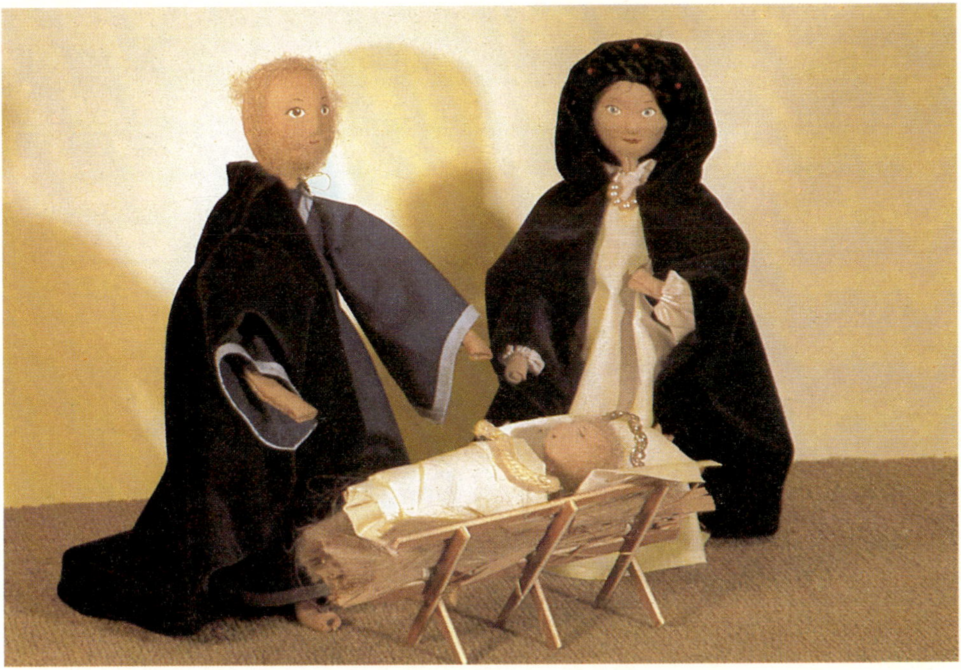

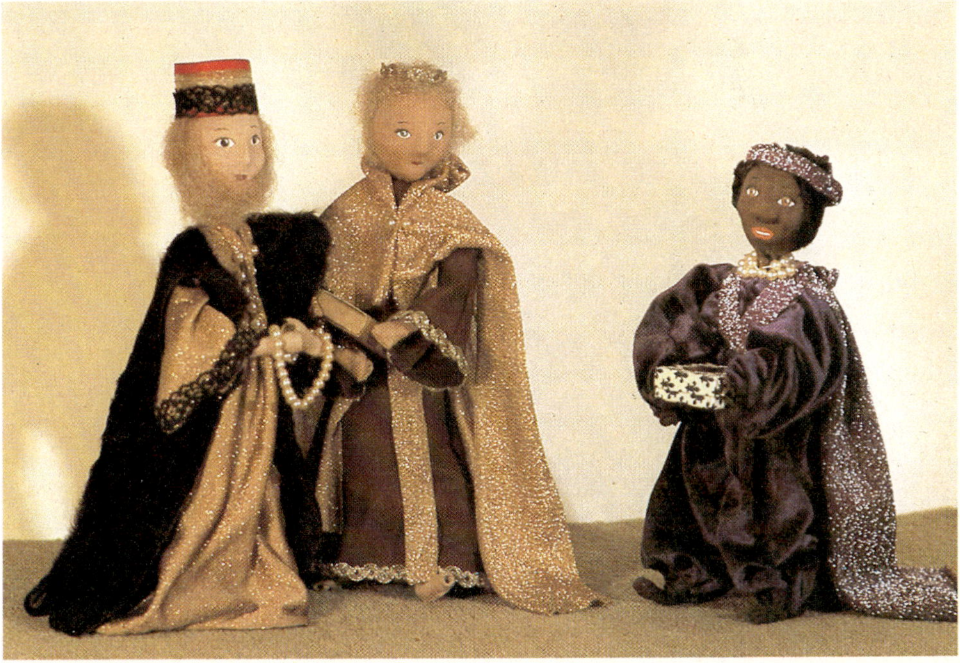

**Bild 124**
Einfache Kleider sind
leicht zu nähen. Legen Sie
die Figur auf den Stoff,
und zeichnen Sie in ca.
3 cm Abstand vom Körper
die Form mit weiten
Ärmeln nach.

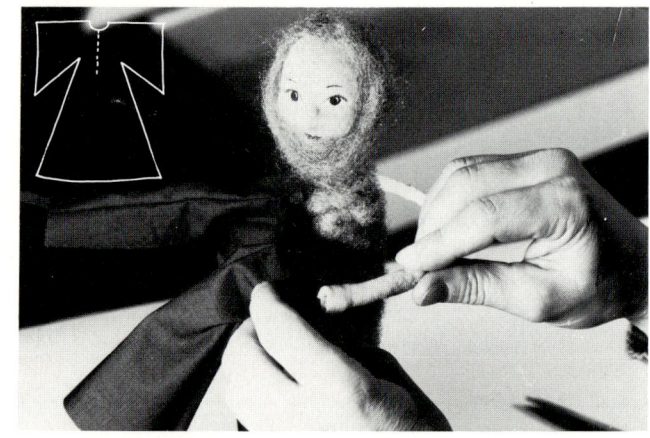

**Bild 125**
Schließen Sie die Schul-
ter- und Seitennähte, und
schneiden Sie hinten zum
Anziehen einen Schlitz
vom Hals nach unten.
Kleid umdrehen und
anziehen.

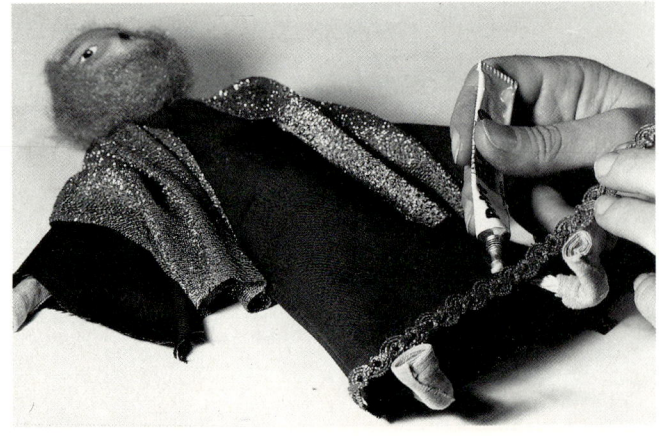

**Bild 126**
Aufgeklebte Goldborten
verwandeln ein einfaches
Kleid in ein festliches
Gewand.
Ein breiter Glitzerschal
um die Schultern gelegt,
erhöht die beabsichtigte
Wirkung.

**Bild 127**
Das karierte Hemd des
Bauern wird nur geklebt.
Einen Streifen Stoff um
Schultern und Hals, und
dann vorne über Kreuz
legen.
Die Ärmel unter die Schul-
tern schieben und die
Naht zukleben.

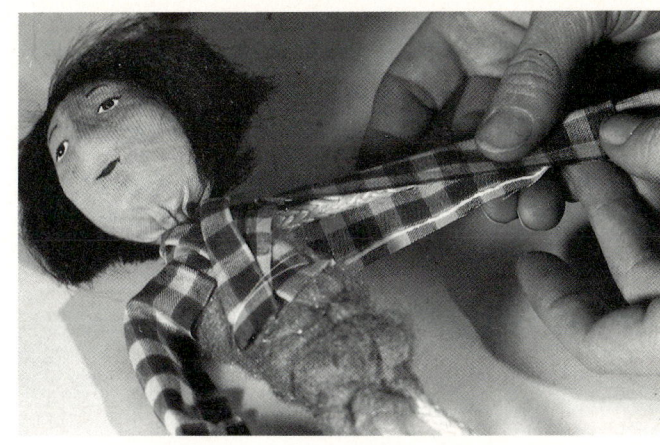

**Bild 128**
Auch die Hosenbeine
werden verklebt und der
Hosenbund direkt auf das
Hemd gesetzt.

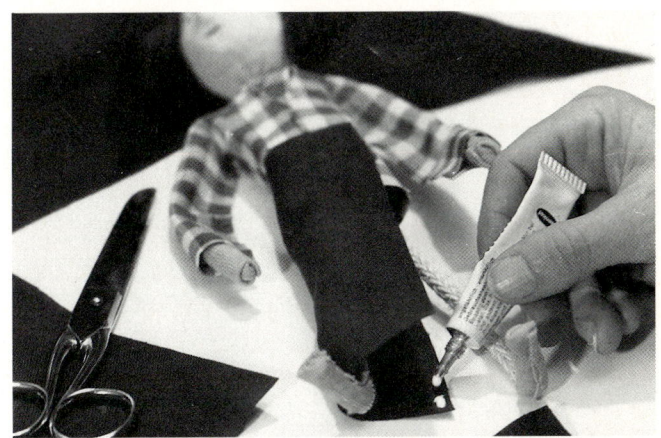

**Bild 129**
Nur die Filzweste kann
man an- und ausziehen.

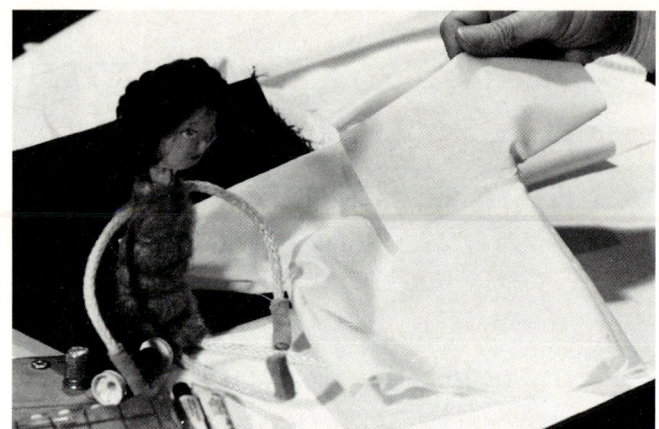

**Bild 130**
Das weiße Kleid für Maria
ist sehr weit und gerade
geschnitten.

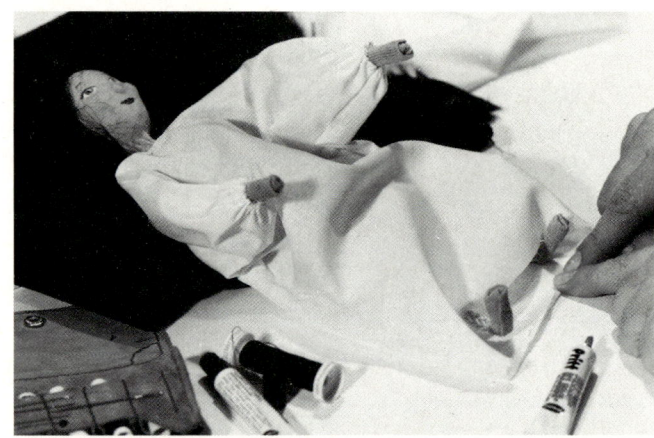

**Bild 131**
Die Ärmel und der Hals-
ausschnitt werden mit
Nadel und Faden einge-
halten und vernäht, wäh-
rend der Saum einfach
geklebt werden kann.

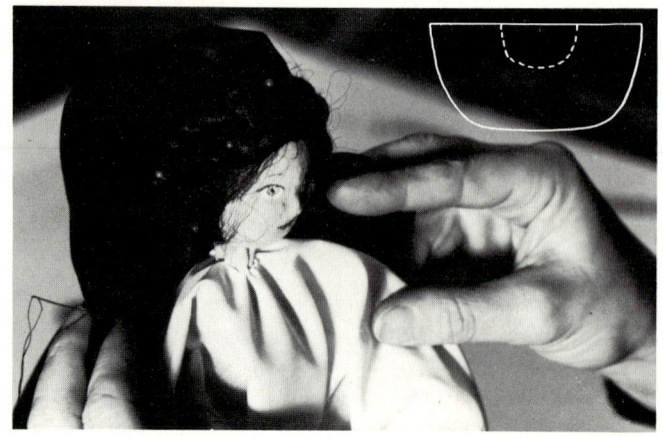

**Bild 132**
Der dunkelblaue Samt-
mantel wird als Halbrund
geschnitten; Kanten um-
kleben und als Kapuze ein
Halbrund einhalten. Neh-
men Sie Maß am Kopf, die
beiden Reihstellen liegen
so weit auseinander wie
die Entfernung von einer
Schulter über den Kopf
zur anderen. Genau in die
Mitte setzen.

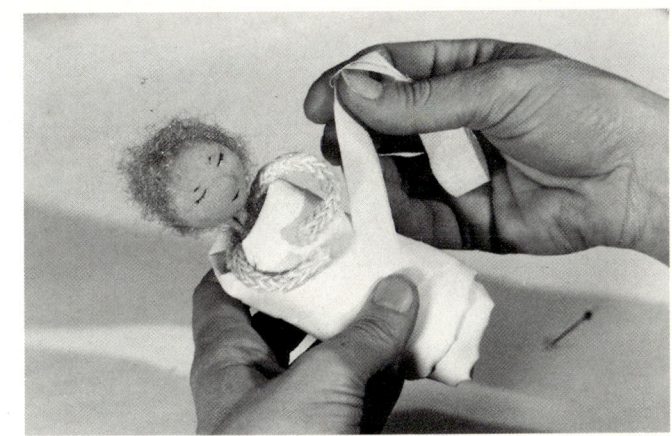

**Bild 133**
Das Jesulein bekommt
nur Arme und wird in eine
Windel eingewickelt.

**Bild 134**
Die Krippe ist aus dünnen
Sperrholzleisten zusam-
mengeklebt.

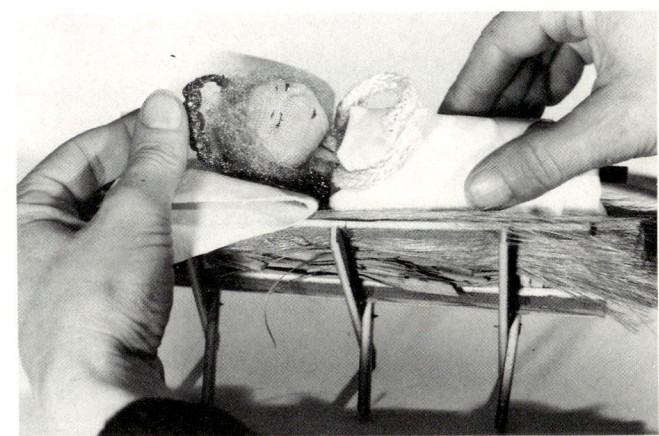

**Bild 135**
In der mit Stroh und Flachs
gepolsterten Krippe
findet das Jesulein seinen
Platz.

**Bild 136**
Für die Schäfchen schneiden Sie 3 Teile Sisaldraht je 15 cm lang und drahten sie in der Mitte zusammen.

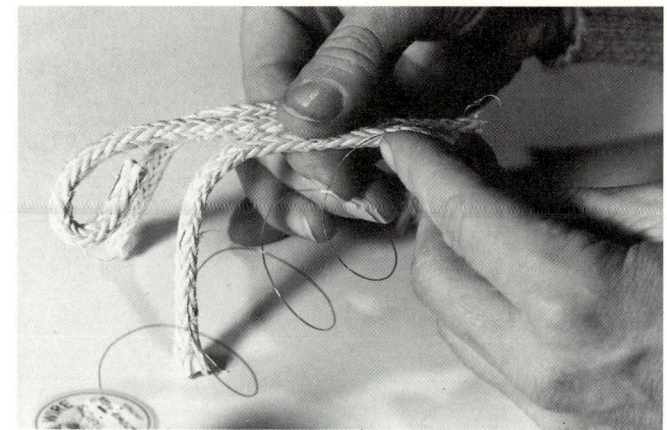

**Bild 137**
Die Schlaufe des mittleren Sisaldrahtes als Kopf mit Trikot umkleben und ein Paar Ohren (als Ganzes geschnitten) aufkleben.

**Bild 138**
Die Füllwatte um den Bauch ist genau das richtige Material für ein kuschelweiches Schäfchen.

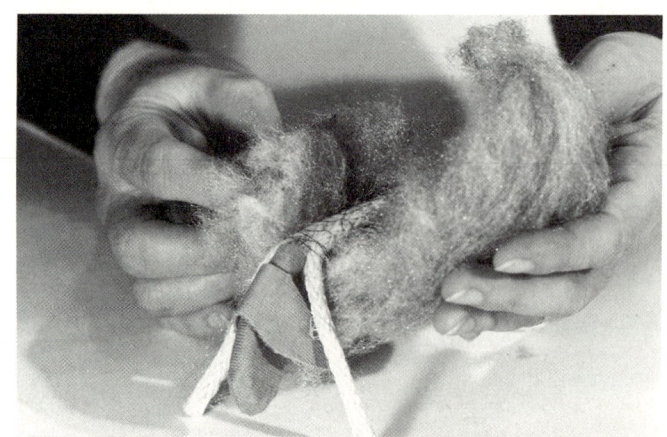

**Bild 139**
Kleben Sie die Füllwatte
nur mit einem Tupfer
Klebstoff am Kopf und
Hinterteil fest, damit sie
voll und flauschig bleibt.

**Bild 140**
Für den Ochsenkopf
schneiden Sie ein Watte-
Ei in die gezeichnete
Form; anmalen oder mit
Trikot überziehen. Arbei-
ten Sie den Körper wie
beim Schaf. Abschlie-
ßend mit Trikot über-
ziehen.
Charakteristisch ist, daß
Kopf und Schultern fast in
gleicher Höhe liegen.

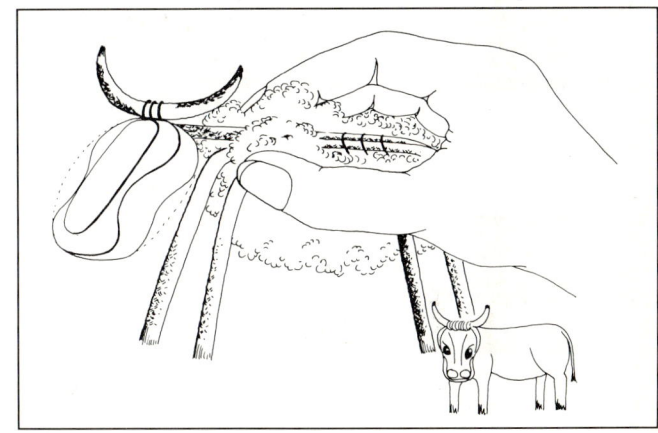

**Bild 141**
Den Eselkopf etwas
schlanker zuschneiden
und lange Ohren aufset-
zen, evtl. mit Kleister ver-
steifen. Zum Beziehen
Körperseite auf doppelten
Trikot legen und aus-
schneiden. Rücken-Mit-
telnaht schließen, über
das Tier legen und am
Bauch und an den Beinen
zunähen.

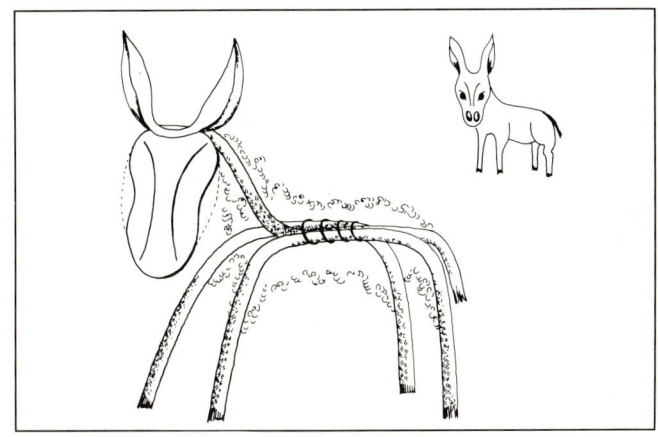

**Bild 142** Alle kamen, das Kindlein zu schauen, trotz bitterkalter Winternacht.